小作家天天寫

林藍老師◎主編

「快樂作文」中，始終貫穿著──「想寫就寫，作文也好玩」的教育理念

並將許多有趣的情景融入到作文書的編排之中，

有生動好玩的故事，輕鬆有效的方法，動手動腦的遊戲，

還有奇幻有趣的魔法呢！

讓你不僅能看到優秀的作文，還能融情入景。

前言

「快樂作文」中，始終貫穿著——「想寫就寫，作文也好玩」的教育理念，並將許多有趣的情景融入到作文書的編排之中，有生動好玩的故事，輕鬆有效的方法，動手動腦的遊戲，還有奇幻有趣的魔法呢！讓你不僅能看到優秀的作文，還能融情入景地和故事、遊戲一起開心互動。

「快樂作文」系列展現給你的是一個全新的作文世界；作文是提筆就有可寫之物；作文是情感宣洩的閘門，作文是跳躍思維的閃光；作文是記錄一切美好與醜惡、哀傷與快樂、幼稚與成長的腳印。孩子會從書中發現很多東西都是自己經歷過的，也是自己可以寫的，為什麼不拿起筆來試一試呢？其實自己也能寫出好作文的。從而讓孩子由不喜歡寫，到願意表達，到把想表達的內容準確地表達出來，給孩子帶來一種寫作的成功體驗！

來吧，讓我們一同感受作文的快樂。

人物介紹

馬小跳

十足一個淘氣包，成績雖然不是頂瓜瓜，但思路新奇，想像力豐富，得到很多人的喜歡。

林藍老師

林藍是梔子花的別名，在馬小跳眼裡，林藍老師簡直就是梔子花仙子。她不僅美麗，而且充滿智慧，是馬小跳心中最完美的寫作老師。

人物介紹

丁文濤

班級幹部。成績好，但喜歡炫耀。張嘴就吐出一大串成語來，是個「十足」的成語大王。

路曼曼

路隊隊長，馬小跳的同桌。寫作能力極強，深得老師喜歡，但與馬小跳是一對冤家。

目錄

第一單元 校園也美麗

CONTENTS

第二單元 向你豎起大拇指

目錄

第三單元 讀出我的感動

CONTENTS

第四單元 想寫什麼就寫什麼

目錄

第五單元 從時光隧道到未來

CONTENTS

第六單元　我的本領更強

目錄

第七單元 家鄉，變、變、變

CONTENTS

第八單元 春天新發現

目錄

第九單元 怎一個「悔」字了得

CONTENTS

第十單元 有你，真好！

目錄

第十一單元 我終於成功了

CONTENTS

第十二單元 我也來當發明家

目錄

第十三單元 我有我的自由

CONTENTS

第十四單元 寫給您的一封信

第一單元

校園也美麗

點亮星空

一提起校園，你就會感到格外的熟悉和親切，若要從校園中選一處景物寫進作文裡，你會選什麼呢？

思路流星雨

我會寫校園的花和樹，它們最美，為校園帶來了生機。

我會選校園的教學大樓，它書聲琅琅，乾淨整潔，是我們學習知識的首選之地。

我選校園的鈴聲，上課鈴又響又急，下課鈴我最愛聽，可卻總讓我等得著急。

有新意！你呢？會選哪一處？

校園一角

郁擎天

在我們學校的東側，有一個風景優美的小園林——蕊春園。它給學校增添了幾分美麗。

一進蕊春園，就會看見幾座人工堆砌的假山。假山上的石頭大小不一，形態各異。有的如展翅欲飛的小鳥，有的像正在奔跑的獵狗，還有的似歡蹦亂跳的小兔子，真是栩栩如生。假山有高也有矮，最高的有四五公尺高，最矮的只

有膝蓋那麼高。假山的後面，是一塊茂密的青竹林，竹林密密麻麻，好似埋伏在深坳裡的奇兵；有的竹子看來還出世不久，卻也亭亭玉立，別有一番神采，彷彿是列隊的士兵在等待檢閱。我想，如果在這兒玩捉迷藏的遊戲，只要躲在裡面不吭聲，別人一定找不到。

竹林的旁邊有一棵高大挺拔的銀杏樹，它筆直地站立著，高聳入雲。樹上的葉子已經枯黃了，偶爾吹來一陣風，樹葉就紛紛落下來，好像蝴蝶在飛舞，又好似天女散花一般。銀杏樹的四周還眾星拱月般環繞著枝葉濃鬱的枇杷樹、生機勃勃的龍爪槐和四季常青的松樹。

沿著鵝卵石鋪成的小路向前走，就來到葫蘆池。「葫蘆池」，顧名思義，就是一個葫蘆形狀的小池，池水清澈見底，碧綠發亮，彷彿一面明鏡。池底還生活著不少小魚呢！葫蘆池上橫跨著一座不知名的小橋，好似葫蘆池上繫的絲帶。這座小橋上還種著幾棵紫藤。每到春天，紫藤花開了，一串串，一簇簇，密密麻麻，招來了一群群蜜蜂。遠遠望去，紫色的花兒既像一片迷人的晚霞，又似一串串惹人喜愛的晶瑩飽滿的紫葡萄，美麗極了！

在假山頂上，被綠樹環抱著的小亭子，叫做「延月亭」。下課了，同學們在這裡有的觀賞景物，有的談笑風生，還有的繪畫寫生；下雨了，同學們還可以在這裡避雨……

啊！我多麼喜愛這個美麗的校園一角！

林藍老師的話

小作者的觀察細緻，按照空間順序依次描寫蕊春園中的美景，有條有理，語言優美，生動形象，富有表現力。抒情自然，真實地表達了自己對校園一角——蕊春園的喜愛之情。

校園的綠

李萍

我愛我的學校，因為她背靠挺拔俊秀的玉山，面臨潺潺不息的小溪，環境幽雅，景色迷人。但我更愛校園那四季長存、永不言敗的「綠」。

春天，校園萌動著一片生機勃勃、萬物復蘇的嫩綠。楊樹的新葉呈圓形，前面突出一個小尖角，遠遠望去，真像一把把綠色的小扇子。柳樹那柔嫩纖巧的枝條在微風中搖曳，像萬千絲條飛舞一般。花壇裡，那毛茸茸的嫩葉搖擺著，彷彿無數隻小手在向你招手致意。各種樹兒都穿著綠綠的春裝，披著融融的春光，翩翩地舞出婆娑的倩影。

夏天，校園是一片濃綠。白楊樹伸出寬大的葉子，在校園的上空撐起了一把把綠色的大傘，遮住似火的驕陽，整個校園綠意盎然。抬頭望去，彷彿進入了神話世界：陽光透過茂密的葉片，變成了一片青霧，微風一吹，青霧繚繞。

漫步其間，令人迴腸盪氣，如入仙境一般，優哉遊哉！

當秋風吹來，楊樹、柳樹雖失去了往日的風采，但它們的綠卻更加堅強，更富有實際意義。你看，楊樹、柳樹全身散發出深沉、執著的綠。它們抖動著長長的枝條，似乎不願脫去身上的綠裝，但時令無情，「無可奈何葉落去」。它們依依不捨地離開曾給它無限風光的「母體」，似一葉葉嬌小的綠舟，在空中盪來盪去，直到靜靜地躺下，遮住遍地的枯草，為校園鋪上了最後一層「綠」。

嚴冬來臨，楊樹、柳樹和小草都無可挽回地凋零之後，整個校園的綠都集中在傲然不屈的蒼松翠柏上，你便會情不自禁地發出——「大雪壓青松，青松挺且直。要知松高潔，待到雪化時」的讚歎。再加上南北縱橫交錯的綠色冬青帶和鑲嵌在裡面的草坪，使校園的綠蘊藏著巨大的力量，積聚著新綠的所有生命。

我們的校園是綠的，無論春夏秋冬都是綠的。然而，最動人的綠卻在教室裡。因為那裡有一株株小苗正在吸吮著知識的泉水，承受著「園丁」的撫愛，學習知識，健康成長。

因為有了這些小苗，校園才四季常綠，生機勃勃；正因為有了這些小苗，校園

才時時處處瀰漫著綠的芬芳。

呵，校園的綠，好一個迷人的世界，我愛你！

馬小跳的話

你只繞著一個「綠」字寫，可我可以看見美麗如畫的校園，你可真厲害，最後的「小苗」那就是我們吧！對了，學校有了學生才會「生機勃勃」，你說得真有道理。

明日之星

初稿：

兩棵柏樹之間有三棵紅梅樹。最小的一棵在花壇之中，另外兩棵在它的左右兩旁，兩棵大紅梅的枝條相接。紅梅樹的主幹短，枝幹上長著很多枝條。有的伸出花壇外。那綠葉，一片接一片。無數枝條從根部抽了出來。那上面的葉子是綠的，而末梢上的幾片卻是紅的。

林藍老師的話

小作者敘述的順序是比較清楚的，基本景物也都寫出來。但觀察還不太仔細，對景物特點的描寫還是不夠。

修改稿：

兩棵柏樹之間有三棵紅梅樹。最小的一棵在花壇之中，另外兩棵在它的左右兩

旁，兩棵大紅梅的枝條交叉相接。紅梅樹的主幹短，枝幹上長著很多枝條。有的探出花壇外。那桃形的綠葉，一片接一片。無數枝條從根部抽了出來。那上面的葉子是嫩綠的，而末梢上的幾片卻是嫩紅嫩紅的，像小姑娘的臉。樹蔭下，一簇一簇的美人蕉伸展著兩三片大綠葉，時時準備讓春天的甘露從葉間滑過。

藤野先生

魯迅

東京也無非是這樣。上野的櫻花爛漫的時節，望去確也像緋紅的輕雲，但花下也缺不了成群結隊的「清國留學生」的速成班，頭頂上盤著大辮子，頂得學生制帽的頂上高高聳起，形成一座富士山。也有解散辮子，盤得平的，除下帽來，油光可鑒，宛如小姑娘的髮髻一般，還要將脖子扭幾扭。實在標緻極了。

中國留學生會館的門房裡有幾本書賣，有時還值得去一轉；倘在上午，裡面的幾間洋房裡倒也還可以坐坐的。但到傍晚，有一間的地板便常不免要咚咚咚地響得震天，兼以滿房煙塵鬥亂；問問精通時事的人，答道：「那是在學跳舞。」

到別的地方去看看，如何呢？

我就往仙台的醫學專門學校去。從東京出發，不久便到一處驛站，寫道：日暮里。不知怎的，我到現在還記得這名目。其次卻只記得水戶了，這是明朝的遺民朱

舜水先生客死的地方。

仙台是一個市鎮，並不大；冬天冷得厲害；還沒有中國的學生。

大概是物以稀為貴吧。北京的白菜運往浙江，便用紅頭繩繫住菜根，倒掛在水果店頭，尊為「膠菜」；福建野生著的蘆薈，一到北京就請進溫室，且美其名曰「龍舌蘭」。我到仙台也頗受了這樣的優待，不但學校不收學費，幾個職員還為我的食宿操心。我先是住在監獄旁邊一個客店裡的，初冬已經頗冷，蚊子卻還多，後來用被蓋了全身，用衣服包了頭臉，只留兩個鼻孔出氣。在這呼吸不息的地方，蚊子竟無從插嘴，居然睡安穩了。飯食也不壞。但先生卻以為這客店也包辦囚人的飯食，我住在那裡不相宜，幾次三番，幾次三番地說。我雖然覺得客店兼辦囚人的飯食和我不相干，然而好意難卻，也只得別尋相宜的住處了。於是搬到別一家，離監獄也很遠，可惜每天總要喝難以下嚥的芋梗湯。從此就看見許多陌生的先生，聽到許多新鮮的講義。解剖學是兩個教授分任的。最初是骨學。其時進來的是一個黑瘦的先生，八字鬚，戴著眼鏡，挾著一疊大大小小的書。一將書放在講臺上，便用了緩緩而很有頓挫的聲調，向學生介紹自己道：「我就是叫做藤野嚴九郎的……」

後面有幾個人笑起來了。他接著便講述解剖學在日本發達的歷史，那些大大小小的書，便是從最初到現今關於這一門學問的著作。起初有幾本是線裝的；還有翻刻中國譯本的，他們的翻譯和研究新的醫學，並不比中國早。

那坐在後面發笑的是上學年不及格的留級學生，在校已經一年，掌故頗為熟悉的了。他們便給新生講演每個教授的歷史。這藤野先生，據說是穿衣服太模糊了，有時竟會忘記帶領結；冬天是一件舊外套，寒顫顫的，有一回上火車去，致使管車的疑心他是扒手，叫車裡的客人大家小心些。

他們的話大概是真的，我就親眼見他有一次上講堂沒有帶領結。

——節選自《魯迅散文》

星光寶盒

輕柔　閃爍　酣暢　陶醉　幽靜

嬌豔　壯美　秀麗　瀰漫　寧靜

小徑　樹蔭　平展　迷人　歡樂

夾道　小道　筆直　整潔　安靜

觸景生情：因眼前的景象而產生的情緒或感情。

莘莘學子：形容學生數量眾多。

平心靜氣：心情平和，態度冷靜。

仁人志士：仁愛而有節操的人。

處女座（8月23日～9月22日）：處女座的人天生就具有溫柔、體貼的特性，平日裡你們對弱小的人總是會投以同情的目光，你們也會適時地給他們最直接的幫助，另外，你們對照顧病人或是傷者，也很有一套護理辦法，對於老年人更是有十足的耐心，因此你們如果從事護士或特別看護這些工作，會將你們的潛能發揮到極致。

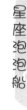

第二單元

向你豎起大拇指

點亮星空

想想你最敬佩的人是誰？老師，媽媽，還是哪個偉人？說說你佩服他的原因。

思路流星雨

我來說，當然是轟隆隆老師了，他可是個會變魔術的老師。

我最敬佩的是丁文濤，他看了很多書，知識淵博，天上地上沒有他不懂的。

我最敬佩比爾．蓋茨，他可是商界的奇蹟、神話、傳說。

下一個你來說？

交通警察叔叔

魯光

在我的記憶裡，有許多令我敬佩的人。其中有一位平凡、普通的交通警察叔叔卻給我留下了深刻的印象。

那是一個暑假，我到四姨家去玩。

那天，我騎著自行車來到一條繁華的大街上。只見一位交通警察叔叔站在指揮臺上無聲而熟練地指揮著。三盞信號燈隱約可見，信號燈顯示著綠色。我估算了一下，大概可以在下次紅燈亮之前衝過

停車線，於是我加快了車速……不料，車輪剛碰到停車線，綠燈突然熄滅，紅燈亮了，我急忙按緊煞車。

不知怎的，這煞車平時很靈呀，怎麼今天這車子停不下來呢？強大的慣性把我推出了離停車線有一公尺多遠的地方。這時，交通警察叔叔走了過來，溫和地對我說：「小朋友，請跟我來一下。」他指了指馬路旁邊。我想：「到那兒去包準沒好事，不是罰款，就是扣車。」

我只好無奈地推著車子走到罰款台前，嘴裡嘀咕著：「你們交通警察就知道欺負小孩子，才超過一公尺多嘛……再說是慣性起的作用，又不是我故意的……」誰知，他提著一個工具箱從小屋子裡出來了，風趣地對我說：「不是欺負小孩子，是跟修車的『搶生意』呢！剛才看見是你的煞車出了毛病，我給你換一個。」我懷疑自己的耳朵聽錯了。

他立刻修起煞車……不知過了多久，他站起來說：「行了，你可以回家了。」

「給你錢。」我習慣地把錢遞過去，他卻說：「收什麼錢？這是我們應盡的義務，還不走，等我開罰單是不是？」說完對我微微一笑。「那……」剛想說的話又

被我咽下去了。

我抬起頭，金色的陽光照在他的臉上。我推著車走遠了，還不時回頭看，我想再看一眼那位交通警察叔叔。

林藍老師的話

人物是一個陌生人，事情是一件小事，卻細緻而生動地刻畫了交通警察叔叔令人崇敬的品格，構思可謂相當巧妙。作者語言明快，文章富有節奏感。

我敬佩曹操

趙宇

自從學習了《赤壁之戰》這一課後，同學們都認為曹操很愚蠢，是個傲慢大意之人。但我不這樣看，我最敬佩曹操，他是一個機智聰明、博學多才的人。雖然他

有時會失敗，但勝敗乃兵家常事。

我看過很多關於曹操的書，他給我留下的印象，並不是人們常說的那麼奸詐。曹操是東漢末年的漢朝丞相，雖說是丞相，但相比之下，他的權力比漢朝皇帝還大，他掌管著北方。曹操治理北方時有與眾不同的妙法。他在北方組織屯田，興修水利，減輕賦稅，恢復和發展了北方的農業生產，解決了軍糧嚴重短缺的問題；整頓內政，注意籠絡地主階級以及知識份子，下令求賢，惟才是舉，破格用人，任用了一批謀臣和猛將。

提起曹操破格用人，還有一個故事。建安二年（西元一九七年），曹操攻佔張繡的宛城，想除掉張繡。張繡知道後，十分氣憤，對曹操來了一個突然襲擊。致使曹操長子曹昂、侄子曹安民戰死，自己右臂受傷，坐騎「絕影」也被射死。從此，曹操與張繡結下了深仇大恨。

後來，袁紹在「官渡之戰」中，看中了與曹操有仇的張繡，派人說服，聯手攻曹。而張繡在謀士賈詡勸說下，向曹操投降。曹操沒記張繡的仇恨，看他是一名猛將，封他為揚武將軍。在官渡之戰，張繡為打敗袁紹立了大功。

曹操不計前仇，大膽任用和自己有過節的人，表現了一個政治家應有的胸襟。

曹操還十分喜歡閱讀兵書，善於韜略，親自為《孫子兵法》做注釋。他在文學上也有很高的造詣，是建安文學的首要代表。他的詩篇抒發自己的政治抱負，氣魄宏大。如他的「老驥伏櫪，志在千里；烈士暮年，壯心不已」的詩句，歷來為人們所傳頌。當年天下大亂時，軍閥們特別無知，是摧殘文化的劊子手，而曹操能成為傑出的詩人，真是不簡單。

這就是我心目中的曹操，一個有著博大心胸、遠見卓識而又博學多才的英豪。

丁文濤的話

你敬佩的是書裡的歷史人物，真有創意，這就叫匠心獨運。說得也有條有理。你這麼一說那白臉奸臣也有值得稱讚的地方。

明日之星

初稿：

一次我的作文寫不出來。劉老師見了就單獨給我講解。他先和我一起擬提綱。再幫我組織好內容，直到我明白為止。通過劉老師的細心指導，我很快就把作文寫完了。劉老師很關心我們，而且經常鼓勵和表揚我們。因此我們都很佩服他。他還專門買了一台電腦和全自動列表機，幫我們列印文章。

林藍老師的話

全文有一定的「章法」。最大的問題是寫得不具體。在層次上有些混亂，應加以調整。另外，文中還有用詞不準確的地方。

修改稿：

記得第一次上劉老師的作文課時，我只顧東張西望看熱鬧，沒注意聽講。老師

講完後，同學們都「沙沙」地寫起來，劉老師看看這個，瞧瞧那個，口裡不時誇獎道：「寫得不錯！」「嗯，你的字真漂亮！」「這一句話有水準……」不一會兒來到我跟前：「咦，你為什麼不寫呀？」我的心裡像敲小鼓「咚咚」直響：「我，我沒想好。」

劉老師一手撐著桌面，一手搭在我肩上：「不要緊，剛開始嘛！來，我們一起想想，《誇誇我的媽媽》，你覺得自己的媽媽值不值得誇，為什麼？你印象最深的是哪件事？……」在他的啟發下，我想好了要寫的內容。接著劉老師又和我一起組織材料，列提綱，還指導我寫作的方法，此時我文思如泉湧，埋下頭不停地寫起來。過了一會兒，劉老師又轉到我桌前，他俯下身看看，高興地誇獎道：「真不錯，你其實很能寫嘛！」

劉老師真是一個好老師，我們都很敬佩他。

我們的老師

亞米契斯

當早晨我們走進教室時，那個高個子沒有鬍子的老師已經坐在那兒了。他去年教過的學生，不時從門口探進頭來和他親熱地打招呼：

「早上好，老師！」

「早上好，波巴尼先生！」

有的還走進來，同他握一下手，再匆匆跑出去。

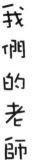

由此可見大家都很愛他，都願意再讓他教自己的課程。他也很禮貌地、十分親切地回答學生們：「好！好！早上好！」邊打著招呼邊去握他們的手。雖然他也微笑著，但卻蹙著眉頭，面孔總帶著嚴肅。他常把臉轉向窗外，眼睛並不盯著面前的學生，而是在望著窗外的屋頂，似乎此刻同學生們打招呼是件很難過的事。

他把我們一一注視了一番之後，就叫我們聽寫。他從講臺上走下來，在課桌旁

來回巡視著。

不一會兒，他在一個臉上長著紅皰的學生身邊停住了腳步，兩手托著他的頭仔細查看。問他是什麼病，還用手摸了摸他的前額，顯然是看他發不發燒。這時，老師身後有一個學生趁他背對著自己，站到凳子上扮起鬼臉來。正好老師轉過身去，他趕緊坐下，低下頭不敢做聲。老師把手放在那個做鬼臉的學生頭上，說：「以後不要再這樣了！」

老師再沒說別的話就回到了講臺上。我們做完了聽寫，他又默默地注視了我們一會兒，然後又慢慢地，用他那大而親切的聲音說：「孩子們，以後我們有一年相處的時間，讓我們好好地度過這一年吧。你們要用心學習，要遵守規矩，不要讓父母和老師失望。」

停頓了一下，他便自我介紹說：「孩子們，你們可知道，我家裡再沒有別的人了。去年我還有母親，母親去世了以後，就剩下我一個人了。在這個世界上，除了你們我再沒有別的牽掛、別的親人了。你們就是我的孩子。我希望你們一個個都是好孩子，也希望你們都能愛我。我一個也不想責罰你們。你們要結成一個大家庭，

成為我的慰藉和驕傲。我希望你們能向我表明你們的真心，而不要你們口頭上的回答。不過，我知道你們已經在心裡答應我了，我謝謝你們！」

老師剛講完話，工友正好來通知放學。我們都靜悄悄地離開自己的坐位。那個站到凳子上做過鬼臉的學生，走到老師面前，臉脹得通紅，聲音發顫地說：「老師，請原諒我，我下次再不那樣做了！」老師親了親他的額角，對他說：「你是個好孩子！」

——節選自《愛的教育》

星光寶盒

崇敬　崇尚　偉岸　親切　慈祥
回首　稱頌　屹立　激昂　雀躍
博大　慈眉　隨和　高尚　真摯
偉大　善目　風趣　慷慨　開明
心悅誠服：心裡高興，真誠佩服，指誠心誠意地佩服對方。

五體投地：原為一種宗教行禮方式，比喻欽佩、崇拜到了極點。
出奇制勝：用奇兵或奇計戰勝敵人，比喻用對方意想不到的方法來取得勝利。

星座泡泡船

天秤座（9月23日~10月22日）：對於美有獨到見解、有獨到體驗的天秤座，在刺繡、編織、縫紉方面具有相當的才華，並能在流行中創造出與眾不同的風味，這一點與他們對美的追求和理解是密不可分的。他們總是很輕易地便可以抓住流行的趨勢，並能很快地找到這種趨勢和自己的連接點，對於美而言，他們可以說是小專家。

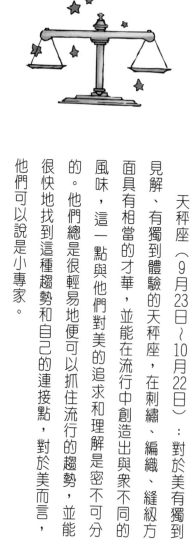

第三單元

讀出我的感動

點亮星空

有沒有一篇文章，你讀了之後會想到很多、會給你帶來啟發呢？那會是怎樣的一篇文章呢？

思路流星雨

我喜歡朱自清的《匆匆》，它教會我光陰似箭、一晃而過，要珍惜時間、把握時間。

我喜歡聖．休伯里的《小王子》，就像那個小王子一樣，我們的一生，將經歷一顆又一顆的行星，接觸各式各樣的人。不斷學習也不斷成長。

大家都有自己喜愛的文章，下面換你來說說。

讀《太陽請假的時候》有感

陳展華

太陽請假？好一個天大的笑話！不難想像，當人類失去太陽的時候，地球上會是什麼樣子：漆黑的天空中只有繁星閃耀著幽微的寒光，月亮不再露面。動植物離開陽光，都在寒冷中枯萎。人們在黑暗中掙扎，千方百計企圖維持生命，但漸漸地……怎麼辦？無奈只得趕快請太陽復工。

這並不離奇！因為在日常生活中，那種所謂「請假」的事情比比皆是。大人走後門，請「病假」的事太多了。也許，正因為人們怠於工作才影

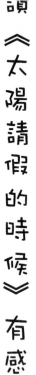

響了太陽。說不定，太陽也藉口其體內黑子爆炸，請醫生開證明向上司請假呢！這類歪風會從地球蔓延到宇宙，影響到至高無上的太陽。

「唉，現在的大人，我真是弄不懂。」就拿我爸爸來說，我原以為他是個正直的人，誰料想去年的事使我陡然改變了對爸爸、媽媽的看法。過年了，爸爸新任廠長，全家自然特別歡喜。

可這些天來，送禮的人踏破了門檻，而且大多是年輕的叔叔。為啥？想趁過節出去遊山玩水，來請「後門病假」。這個開口一個月，那個張嘴四十天，爸爸收下這些「賦禮」，一一答應了他們。

這時，媽媽正要找爸爸「談判」，可把我樂壞了！我悄悄躲在一邊偷聽。可談判的內容卻使我大失所望：「你也真是的，見盒蜂王漿、幾包進口香菸就答應了？傻瓜，趁著新上任，還不快撈？」

「這……行嗎？」天哪！爸爸、媽媽怎麼也都變了……唉！

再說，我一向喜歡的叔叔，他最近新交了個女友，兩人商量著到北京去玩兒。於是，叔叔弄來幾包「萬寶路」，找醫生開了兩個月的證明，說是得了肝炎。你

看，多荒唐！去了北京，回來後可該好好上班了吧！可他似乎已經把工作忘了，天天不是跳迪斯可就是陪女友逛大街。我問他：「叔叔，為啥不上班？」他卻說：「上班去幹啥，成天看著別人撈外快，而我連邊都挨不著，幹麼去？」

難怪太陽要請假，因為人類本身就沒有好好去工作，而只圖自己眼前的利益，沒準，太陽也要請了假去兼差賺錢了！

阿彌陀佛，希望全體大人們都能好好讀讀《太陽請假的時候》這個故事，好好想想：太陽請假，地球上一片黑暗；你請假，他也請假，工作誰去做？別只圖各自的利益，去損公肥私！

林藍老師的話

這篇文章的小作者先用諷刺且幽默的筆調，向讀者概括了文章的大意，然後從太陽聯繫到人們的生活實際，批判了當前的不良風氣。文章層次分明，語句通順，幽默有趣，並有一定的教育意義。

誰偷了「你」的乳酪

——讀《誰偷了我的乳酪？》有感

郝聰穎

如果說現在安逸穩定的生活是你的「乳酪」，但是突然有一天，一切都變了，「乳酪」被拿走了，你會怎樣？

抱怨？咒罵？空想？苦等？……

你最好去看這本書——《誰偷了我的乳酪？》，它會給困惑不已的你一個滿意的答案。故事大意其實很簡單，簡單得就像一則寓言——

在一個巨大的迷宮裡，住著兩隻老鼠——匆匆、嗅嗅，和兩個小矮人——哼哼、唧唧。他們每天忙忙碌碌，穿梭於迷宮之中，尋覓著一種他們鍾愛並以此為生的食物——乳酪。匆匆和嗅嗅靠著迅速敏捷的行動，哼哼和唧唧憑藉著他們的聰明才智和精確的判斷力。終於，他們來到了乳酪「C」站，這裡有著豐富的乳酪。他

們盡情地享用，共同分享著勞動果實。

這樣安穩的日子持續了一段時間後，有一天，他們發現乳酪不見了。匆匆、嗅嗅並不吃驚，因為他們早就考慮到乳酪會有吃完的一天，於是很快地投身於尋找新乳酪的行動中；而另一方面，哼哼和唧唧卻無法承受這突如其來的打擊，無法面對現實，一時間驚惶失措，陷入絕望。經過一番激烈的思想鬥爭後，唧唧在思想上有了改變。他離開了乳酪「C」站和他頑固的夥伴，踏上了新的征途。在這期間，他也有過猶豫，也有過動搖，但這卻更加磨鍊了他的意志，讓他悟到了更深的道理，增強了信心。終於，他來到了乳酪「N」站，在這裡見到了久違的匆匆和嗅嗅，找到了更多更美味的新乳酪。

是個結束……或許又是另一個開始……

你是否懼怕改變？你能在陷入困境時有一個新的開始嗎？我要說，這真是一本了不起的書。它讓你自己去思考，自己去理解。每當你翻到新的一頁時，新的體會就會像壘牆一樣一層層積累。有時，我覺得自己像唧唧，只有在變化襲來時才做出反應，無法像匆匆和嗅嗅那樣居安思危。

現在，回頭想想，或許改變並不是壞事，它會帶走你以前安逸的生活，同時，也會給你帶來新的機遇，給你新的快樂。

路曼曼的話

這一定是一本好書，一本了不起的書。你才能寫出這麼好的作文。它能讓你思考、理解。我也要讀一讀這本書，學會面對改變。

明日之星

初稿：

海倫的一生，是不平凡的，它給予人們極大的鼓舞。記得海倫曾經提過這樣的問題：假如你的眼睛明天將要失明，那麼，你今天要看看什麼？這使我感到：我們這些健康人，應該珍惜這美好的時光，珍惜這幸福的生活。

林藍老師的話

這是一段讀後感，作者寫了故事給人的啓示，但故事給人的啓示和自己的體會兩個內容安排欠妥，明白的道理直接寫出來，沒有過渡，若能加些自己的想法將會更好。

修改稿：

海倫的一生，是不平凡的，它給予人們極大的鼓舞，使那些虛度光陰的人萬分悔恨。我讀了這本書，常常問自己：海倫不屈不撓的一生，給予那些殘疾人以生活的勇氣和力量，難道對於我們這些健康人就沒有啟示嗎？不，不是的。記得海倫曾經提過這樣的問題：假如你的眼睛明天將要失明，那麼，你今天要看看什麼？這使我感到：我們這些健康人，不能遲疑，不能虛度年華，應該珍惜這美好的時光，珍惜這幸福的生活。

一本男孩子必讀的書

楊紅櫻

7月29日　星期四　雨

連著三天，雨下個不停。一會兒大雨，一會兒中雨，一會兒小雨，反正是半刻也沒停過。

在下雨天裡讀書是最愜意的。上次老爸送我的一本書還放在抽屜裡。找出那本報紙包起來的書，打開一看，書名是《魯濱遜漂流記》，書很舊很舊，封面已看不出顏色，還用透明膠黏補過。

翻開書，裡面的紙已經發黃了，扉頁上有幾行字。頭兩行是用毛筆寫的——

這是一本男孩子必讀的書

贈維兒

下面落名吳敬山。吳敬山是老爸的爸爸，我的爺爺，那麼這本書是當年我爺爺

送給我老爸的，送書的時間是一九六五年四月四日，現在推算起來是我老爸十二歲那年兒童節，爺爺送給他的。

接下來的兩行字是用鋼筆寫的，龍飛鳳舞，一看就是老爸寫的：

學會生存

贈緬兒

下面落名是吳維。

爺爺送給爸爸，爸爸送給我，真是一本代代相傳的書。

這是一本歷險小說，讀了幾行字，就愛不釋手了。

我很喜歡這本書的作者笛福在《魯濱遜漂流記》中的一句名言：「害怕危險心理比危險本身還要可怕一萬倍。」事實上確是這樣：一個具有無畏冒險進取精神的人，即使在惡劣的環境中，只要不畏艱險、勇往直前、百折不撓，那麼他終將是一個成功者，一個英雄。

我也非常喜歡魯濱遜這個人物，我想像中的魯濱遜是這個樣子的：身著羊皮短衣短褲，腰間別一把小鋸，一把斧子，肩上掛著彈藥袋子，背上揹一個筐子，掛一枝鳥槍，頭頂撐一把又醜又笨的羊皮傘……我希望我自己能成為一個像魯濱遜那樣的人，一個探索者，一個發明家，一個善於創造性勞動的人。

我要好好地把這本書珍藏起來，等我有了兒子，我就把這本書傳給他。

——節選自《男生日記》

星光寶盒

欣慰　暢快　舒暢　欣喜　快慰

追憶　眷戀　神往　夙願　初衷

感動　再現　鼓勵　思考　深思

沉浸　浮現　激勵　思索　沉思

博古通今：古代的事知道很多，現在的事無所不曉，形容學識淵博。

含英咀華：指慢慢地品味經典的東西，形容領會欣賞詩文的精華。

高朋滿座：高貴的賓客坐滿了坐位，形容來賓很多。

星座泡泡船

天蠍座（10月23日～11月21日）：天蠍座的人有十足的愛心，在他們眼中那些需要別人幫助的人，是最重要的。他們經常會默默地行善，他們從不在意別人是否知道他們的所作所為，他們完全是按自己的想法做事、生活，而且他們有很強的意志力，能夠持續不斷做事情，他們追求的便是為善不欲人知。

第四單元

想寫什麼就寫什麼

點亮星空

最近，你碰到了什麼事、什麼人，讓你開心、快樂，或者傷心、煩惱，或者委屈？是不是特別想說出來？那就說說吧！還可以說說自己的願望、幻想等。

思路流星雨

前幾天我病了，大家都來看我！連馬小跳也來了。

「成語接龍」輸給杜真子，真是一言難盡，苦不堪言。

我要說我幻想到了一個故事，我遇見了哈利波特。

一個一個說，下一個你來說！

想當男孩

黃珊。

如果真的有來世，那麼，我來世絕不做女孩。

女孩子給別人的印象必須是：斯文點，溫柔些，不可以無拘無束地大笑、大唱、大叫！而男孩卻可以。

如果是個男孩，我會將牛仔衣瀟灑地搭在肩上，在空曠的街上大吼大叫：「讓我一次愛個夠……」

如果是個男孩，我可以吹著口哨滿街跑，不必擔心回家晚了挨罵；如果是個男孩，我就可以在風中騎一輛變速腳踏車，不時玩一個「放開雙手」；如果是個男孩，我只要想

笑就一定笑個痛快，管它什麼風度不風度，矜持不矜持！

可是在爸媽面前，在隔壁阿姨的誇獎中，想當男孩的我只好做一個「乖乖女」，在只屬於女孩的天地中，拿起課本，摸摸頭髮對自己說：「來世做個男孩，一定去雨中踢球，痛痛快快地玩。」真的，有時候我恨不得一腳把地球踢個大窟窿，但無可奈何，誰讓我是個女孩呢？

我經常想為一件可笑的事哈哈大笑，可無羈的笑聲經常猛地停止，張大的嘴收縮、再收縮，直到最後閉上，只因為門口的老師盯著我，目光似乎要把我看穿。他心裡一定在想：「瞧你，怎麼這麼瘋……」唉，只因為我是一個女孩！

在空曠的操場上，我大聲高喊：「我想當男孩！」

林藍老師的話

一個女孩想當「男孩」，這想法看似奇怪，但讀完以後，了解到小作者對無拘無束、自由自在的「男孩般生活」的嚮往，要求與男孩一樣瀟灑，你就不難理解她的真實想法了。

那次，我生氣了

徐丹

一個秋天的中午，太陽溫和地照射著大地。我踏著落葉，高興地向學校走去。一跨進教室門，就看見幾個男同學趴在我的桌子上，嘀嘀咕咕，好像討論著什麼問題。我走近桌前，對他們說：「你們讓一下，我拿作業本。」我拿出作業本，在後面一排的課桌上做起作業來。

今天的作業題目並不容易，我全神貫注地思考著。忽然，我聽到有人喊我，連忙抬起了頭。

「徐丹，這道題怎樣解？」夏紅雨拿著草稿紙，從前排轉過身來問我。我接過草稿紙，看著那道數學題，認真地思索起來。

經過分析，題目解開了。我把稿紙又遞給了夏紅雨。他看著算式，眉頭緊皺。過了一會兒，他問道：「這些算式表示什麼意思？」我一步一步講給他聽。講完

後，我學著老師的口氣問道：「弄懂了嗎？」他笑著點點頭。

教室裡響起「沙沙」的寫字聲。

徐晶打斷了我解題的思路。她對我說：「我告訴你一件事。」聽她這樣一說，我停住了手中的筆。可是，好久也不見她說話。我催她：「你說呀！」她用手輕輕拍了拍腦門，想了一會兒說：「那你聽了我的話後，可別打我呀！」我答應了她。

徐晶用手一招，那樣子有些神祕。我把耳朵湊到她跟前。她對著我的耳朵，小聲說：「夏紅雨對我說過，他愛惹你。」我聽了這句話，非常氣憤，很想打她。可我答應過不打她呀！我正在生氣，徐晶卻火上加油，說：「我起初還想說更有趣的話呢！」

我的火氣像炊煙似的嫋嫋升起，但我還是勉強忍著，壓住火氣。

我合上作業本，回到自己的坐位前，沒好氣地趕走了同桌的朋友。我又瞧了一眼徐晶，她正在得意地笑著，像一位得勝的將軍，又像一隻狡猾的狐狸。望著她那副面孔，我真想痛罵她一頓，好解除我心頭之恨。

放學後，我很不高興。我想不清楚，曾被老師稱為認真的學生，也竟然會說出

這種話。難道同學之間互相幫助，共同學習也有錯嗎？我越想越氣，心中不禁萌生出「以牙還牙」的想法。我又仔細想了一會兒，覺得這樣做不對。我不能因為徐晶這樣說我，這樣肆意破壞同學之間的友誼，也加入他們的行列。

這樣做不值得……

在別人看來，徐晶也許只是在開一個小小的玩笑，或者她說的根本就是事實，但在一個還十分單純的小女孩看來，徐晶的所作所為的確是在侮辱我，怎能叫我不氣憤呢？這件事將深深地刻在我的腦海裡，而她——徐晶也會留在我的記憶深處。

馬小跳的話

為什麼女孩子老是這麼多心呢？徐丹你不要小題大做。你幫夏紅雨是對的，我支持你。這樣的事也可以寫到作文裡。原來作文可以在生氣時幫人消氣呀！

明日之星

初稿：

今年的「中秋節」，我過得一點也不快樂。我們家死氣沉沉的。因為我有一個囉哩囉唆的「多嘴」媽媽，讓我很煩惱。

要說我媽媽，她年齡也不大。可她一說起我來就會囉哩囉唆地嘮叨個沒完，而且勁頭特別大。一會兒說：「穎瑩，你去把國語練習本做一下，」一會兒又說：「穎瑩，你把這數學模擬試題做了，」過會兒她又講：「穎瑩，你去……」把我管得像監獄裡的監禁犯一樣。而且只要稍有不合她意，立即就會被她罵。

林藍老師的話

用流暢的語言，記敘了「我」的煩惱。內容交代不具體。有些語句表達不甚清楚。

修改稿：

今年的「中秋節」，我過得一點也不快樂。人家過節過得開開心心，熱熱鬧鬧的，而我們家卻死氣沉沉的。因為我有一個囉哩囉唆的「多嘴」媽媽，讓我實在很是煩惱。

要說我媽媽，她年齡也不大。可她一說起我來就會囉哩囉唆地嘮叨個沒完，而且勁頭特別大。一會兒說：「穎瑩，你去把國語練習本做一下，」一會兒又說：「穎瑩，你把這數學模擬試題做了，」過會兒她又講：「穎瑩，你去……」把我管得像監獄裡的犯人一樣。只要稍有不合她意，立即就會被她罵得「狗血淋頭」。

詩人泰戈爾

徐志摩

泰戈爾實在是詩人，他自己說道：「膽怯的思想呀，不要怕我，我是一個詩人。」他說道：「歌聲在空中感得無限，閱書在地上感得無限，詩呢？無論在空中，在地上都是如此；因為詩的僻句，含有能走動的音義與能飛翔的音樂。」

詩的目的是什麼？泰戈爾在春之循環上說道：「我們詩人使人超脫欲望，」詩是像那「新生的孩子的呼聲，是應和宇宙的呼聲的。」靠詩的力量可以使人超脫物質，與宇宙融洽，得到新的生命。

泰戈爾的詩歌集，最能代表他的要算園丁集、新月集與偈檀迦利三種，三種各有其特點，但根本思想是一樣的。

園丁集是極好的抒情詩，表現他的情愛與人生的理想。他在這不滿一百首的詩裡，很深刻的，很誠摯的，表明青年人對於自然和人生的熱烈的愛戀。他唱道：

「詩人，天晚了，你的頭髮漸漸的白了，在你孤寂的默想中聽見了將來的清息麼？」

「天晚了，」詩人說道：「我正在留心著村裡有人來，晚些倒不要緊。」

「假如青年人兩心相遇，兩對渴眼希望音樂來揭破他們的靜默為他們說話。」

我們覺得園丁是說現世間的愛的，是人與人的相愛。而偈檀迦利是對於絕對的愛。在這些詩歌裡，真可以表現詩是可以使個人與絕對融和的。泰戈爾以滿心的熱烈的情緒，向絕對歌頌他的偉大。我們讀了他的作品之後亦覺得宇宙之偉大，人生之美滿豐富，不知不覺的也要頂禮膜拜在這位自然者之前，誠心誠意的，將我們的心獻給他。

宇宙本來是統一的，是神的實現，神無所不在，個人與宇宙是合一的，所以他說：「日夜在我血脈中，流轉的生活之流也在世界中流轉，有音節的跳舞。」宇宙不是和我們為敵的。「早晨看見日光的我覺得並不是世界人的客人。」世界只有愛，只有美，「凡粗率的與矛盾的都融化在一甜蜜的調和裡了。」只此幾句話，便真感覺到生活是有趣的，生活是調和而豐富的。

真純潔的世界是小孩子的世界，小孩子的世界是樂園，他們的生活是同情的生活。詩人的生活原與小孩子一般，純潔而豐富的，詩人的想像尤其像小孩子。詩人也和小孩子一般的可愛。讀新月集的人誰能沒有這樣的感覺呢？

人生之意義，只是希望和愛；母親對小兒女的希望和愛是最誠摯的。「小孩子問他的母親道：「我從哪裡來，你在哪裡將我拾起來的呢？」母親回答道：「你藏在我心裡……你在我的希望和愛裡，在我的生活裡，我母親的生活裡也有你。」……「我見了你，心裡感覺著無窮的神祕……你現在是我的，我怕你失落了，所以緊緊地摟在懷裡。」這是何等熱烈的愛！

園丁、偈檀迦利、新月的詩人正是我們理想的詩人呵！

現在我鄭重向讀者報告，我新近接到這理想的詩人的朋友Mr‧Elmhirst從日本的來信，說他已預備到中國來，這真是喜信。再等兩三個月便彩雲冉冉地來了，我們準備著歡迎罷！

這原是從前和朋友的一封通信，所以帥率得很，不過借此報告一些消息而已！

——節選自《徐志摩作品精選》

考題設計

我再也不去！

這是下決心的一句話，為什麼會下這個決心？當然有緣由，寫清楚前因後果，反映教訓的深刻，寫出自己悔極的心情，從而不由自主地發出了「我再也不去」的心聲。

校園外，有一處佳景

日日關在校園裡，讀呀寫呀，身乏體累，猛然發現校園外的一處景物與眾不同。雖小但美得實在，雖簡單但讓人浮想聯翩，這時，你對這一處佳景一定讚賞不已，依依不捨。走出去看看，仔仔細細尋找，你會有所收穫。寫出它的特徵，讓別人看到你的文章如同身臨其境，欣然請你做個嚮導。

有月亮的晚上

從小到大，我們經歷過無數個有月亮的夜晚，或與同伴遊戲，或依偎在奶奶的懷中聽故事，或與家人團聚在月圓之夜，或面對圓月發出——「人有悲歡離合，月有陰晴圓缺」的感慨，或懷念遠方的小朋友……這樣的作文可以寫的東西很多，就看你怎樣選擇了。

一份特殊的作業

每天老師都會佈置作業，而作業也帶給我們許多歡樂和煩惱。是什麼樣的一份特殊的作業呢？聯繫實際，發揮想像，這份特殊的作業給你帶來了怎樣的心情，圍繞這份特殊的作業又發生了什麼特殊的故事呢？你來寫寫看吧！

星座泡泡船

射手座（11月22日～12月21日）：射手座的人體內潛藏著豐富的運動細胞，平日裡可能是生活節奏過快，或是壓力過大，他們從沒有察覺到自己的這種能力，他們總覺得自己是個運動感極差的人，其實他們只是沒有找到方向而已，如果找到了適合自己的運動，他們便絕對能發揮出所長。

第五單元

從時光隧道到未來

點亮星空

明天也許和今天差不多，可未來的世界與今日世界就會有很大差別，你們是未來的主人，你想打造一個怎樣的未來呢？

思路流星雨

我要設計未來的房屋，既大又寬敞，而且各種設施都有。

我要建立未來的學校，讓所有學生都能成為優等生，都考上好大學。

我要發明未來的汽車，可以在水裡走，在沙漠裡穿行，還能在天空中飛，簡直是萬能的汽車。

你們的未來都很美好，下一位「小主人」是誰呢？

未來的我

李俊一

二〇一八年，在繁華的街道上，有一個身穿特殊服飾的英俊小夥子，那就是成年後的我。

那時的我已當上了地球防衛隊的隊員了。地球防衛隊的武器極為先進，什麼鐳射炮啦、全方位雷達啦……應有盡有。

我正自由自在地閒逛時，突然，表快速地閃起紅光，那是警戒訊號，只要雷達發現不明飛行物，表就會閃起紅光。我急忙按下綠色按鈕，我被立刻傳送到飛船旁邊，我趕快跳上飛船，「嗖」的一聲，我和

同伴一起向不明物體飛去。

來到距地球二千五百千公尺時，只見一艘形跡可疑的宇宙運輸船，正想往地球偷運含有劇毒的物品，我對他發出了警告：「如果你再向地球前進一步，就別怪我們地球防衛隊不客氣了！」他一聽是地球防衛隊，開啟最大引擎夾著尾巴逃跑了。「真沒勁，還往地球運劇毒物品，連個膽都沒有。」我沒趣地說。

剛回到基地，還沒等核動力發動機冷卻下來，表又閃起紅光，但這次很微弱，只持續了幾秒鐘。我想：不好，這次出事了。「快走！」我一邊招呼同伴一邊跳上飛船，向目標衝去。

來到目標所在地，好傢伙，足足有幾十艘飛船在這裡等著我們。

我仔細一看，那艘運輸船跟在艦隊後面，正慢慢地向前推進。

「原來是去喊救兵了呀，既然和我較上勁了，我就奉陪到底。」說罷，我猛掃一氣，連著擊毀十幾艘敵艦。可好景不長，只聽「轟」的一聲，有一艘我們的飛船爆炸了，原來是敵軍的祕密武器來了。

「志偉！」我發出了撕心裂肺的吼聲。同伴的飛船被擊毀，我含著眼淚，帶著

滿腔怒火，向對方瘋狂地射擊起來，但都被他躲過去了。就這樣僵持了將近二十分鐘。我想光靠硬打不行，我得給他來個聲東擊西，雖然希望不大，只要有百分之一的希望，就要做百分之九十九的努力。我朝前邊開了一炮，馬上閃到另一邊，趁他往那邊開炮的時候，給了他一枚跟蹤導彈。正當導彈要打著他的一剎那，他發現了我，向我發射了一束鐳射。他的飛船爆炸了，其他敵艦倉皇而逃。那束鐳射擦著我的油箱過去了，我不禁嚇出一身冷汗，又馬上平靜下來。我對剩下的夥伴說：「返航吧！」

我們駕著飛船向地球飛去。

這就是未來的我，勇敢又好強的人。

林藍老師的話

小作者想像力豐富，對科幻情有獨鍾，又富有正義感，因而將這篇小故事寫得情節曲折而又極為逼真，讓人彷彿在看一部科幻動畫片。文章語言生動活潑而又精練乾脆。就連最後的總結也十分自信：「這就是未來的我，勇敢又好強的人。」

為未來打預防針

李繼宗

我們是真正吃穿無憂的一代，絕對的幸福導致絕對的無知。社會壓迫我們，只讓我們準備扛起國家，但從沒讓我們鍛鍊過，到出力時，才發覺自己渾身軟綿綿的，沒有一塊能親自支配的肌肉。

為了讓我們區別於其他動物，從六、七歲就從籠中放出我們，闖入有書的牢房，還騙我們說進「教室」，「讀完那兩本書就放你們出來。」但書卻越來越多地送來，我們迷迷糊糊，不分日夜地讀，就像轉著圈子數念珠，永遠沒完沒了。

我們的每一步，父母都計劃得很好，就像我們划著船，父母掌著舵，我們甚至迷迷糊糊就達到了目的地，所以至今沒感受過成功。

我們的未來，是按父母的意願培植的。如今流行花，他們就只種花，哪怕一粒草粒，他們也能種出花來，使你不得不嘆服。不管什麼花，都可以讓其成長，一株

株壯實的草被連根拔掉。我敢斷言：十幾年後的社會將不再是「大自然」，而將成為一個「苦菜花」的世界了。

可以說我們是父母的夢，他們想做個圓滿的夢，所以不惜犧牲一切來配合老師壓迫我們。正如一戶想讓兒子成作家的農民，荒了菜地，寧肯吃白飯，也絕不會讓孩子丟下書本去種菜。我們的父母是戴天文望遠鏡看未來的。我們是羊，學校是草場，因為每人都能分一塊，不用爭搶，好羊吃一塊，瘦羊也吃一塊，不挨餓永遠也不知道什麼是真正的生活。放牠出門，我敢說，牠敢跟狼握手。

正是這群與狼握手的羊，永遠長不高的令人憐憫的苦菜花，將要成為國家的主人！你還敢閉眼嗎？難道你能睜著大眼說狼不會吃羊，苦菜花也可以像向日葵一樣燦爛輝煌嗎？

生在危機中，分不清好壞，看不清前途，也找不到舊路，難道沒有人能夠救我們嗎？我們國家難道不會再次被別人欺凌嗎？

我站在原地，思考著這些，突然不敢吭聲，不敢動，也不敢閉眼，生怕天會塌下來，我不是盤古，這種折磨不該我承受。我十分痛苦，但我不哭，因為書上沒寫

這一刻該哭還是不該哭。

如果現在的教育方法，要使所有的人都成為「科學家」，那我願意為這群無能的名譽科學家種菜，那我將成為名人，像國父孫中山一樣。

我想，那時的父母又該強迫自己的兒女去研究「種菜科學」了。

馬小跳的話

你的父母真可怕。我的父母可好多了，這預防針我就不用了。可是我們學校裡有好多人都要打一打。寫未來的作文，能寫對現在的問題的思考，你真會想！

明日之星

初稿：

我作為一名太空人，從二〇一〇年出發到現在，已有三年沒有回家了。此時此刻我的心情無比激動。

我使勁揉了揉眼睛，實在是不相信這眼前的景象：昔日工廠的煙囪被摩天大樓代替了，綠樹紅花，鳥兒們齊奏著歡快的「交響曲」，藍天襯著白雲，組成了一幅幅絢麗的圖畫。街道上車的種類多得說不清。

林藍老師的話

文段中的未來城市的樣子描寫得有模有樣，但句末稍顯平淡，「激動」的心情不夠強烈，「街道上的車」最好能做簡單的舉例，這樣更具體地表現「種類多」。

修改稿：

「各位乘客請注意！本次列車的終點站石家莊站到了，請做好下車準備。」我作為一名太空人，從二〇一〇年出發到現在，已有三年沒有回家了。此時此刻我的心情無比激動。

「哎喲！」我使勁揉了揉眼睛，實在是不敢相信這眼前的景象：昔日工廠的煙囪被錯落有致的摩天大樓代替了，綠樹紅花隨處可見，鳥兒們放開歌喉，齊奏著歡快的「交響曲」，藍天襯著白雲，組成了一幅幅絢麗的圖畫。街道上車水馬龍，有氣墊摩托車、電磁汽車、噴氣式汽車，種類多得說不清。

「菲菲九」魔幻劑

朱效文。

也是在這晚上，狐狸理髮師蘭苓小姐吞下了「菲菲九」魔幻劑，做了一場妙不可言的夢。一份來自外星球的購貨單，從碟形不明飛行物上飄下來，落進了她的院子裡。

她撿起一看，上面寫著：「查拉拉星球已研製成長生不老新藥：發發神丸。其主要成分之一是地球動物的毛髮，特用高價收購。十公斤毛髮定價：小型超音速飛機一架。二十公斤定價：中型核動力潛水艇一艘。三十公斤定價：智慧型機器人十個外加一副隱形千里眼。四十公斤定價：永不磨損型太空梭……」

這下可樂壞了蘭苓小姐。她不停地剃，不停地掃，不吃飯也不喝水，整整忙了一天。到晚上，顧客走盡了，她把掃成堆的頭髮，連同混在一起的土屑、菸灰、瓜子殼，通通裝進麻袋。

一過磅，唉！才九點九公斤，不夠換一架飛機的。等明天嗎？不成，說不定好東西今晚都讓別人給換走了，得趕快行動！於是她咬咬牙，狠狠心，把自己身上那厚厚一層金紅色的美麗毛髮全剃了下來，才勉強湊夠了十公斤。她不敢照鏡子，撕下一塊窗帘布裹住頭，扛著麻袋，飛也似的跑到外星聯絡站。一打聽，糟糕，就在五分鐘前，查拉拉星球的飛碟已經滿載著毛髮返航了。等下一趟吧，還得再過三個月呢！

回到家裡，愛動感情的蘭苓小姐坐在毛髮堆裡，抱住自己醜陋的光頭，哇哇地痛哭了一場。她真後悔。要是早一天知道這事，要是早一點知道就差這麼幾兩，要是在每個顧客頭上多剪那麼半寸，要是早五分鐘趕到聯絡站，要是……唉！

天剛亮，蘭苓小姐就起床了。她不愧是隻機靈的狐狸，辦法夠多的。她取下了舊的理髮價格表，換上了新的，上面寫道：「本店自即日起，實行免費有獎理髮。理髮十克，獎彈子糖十粒；二十克，獎水果糖十顆；三十克，獎牛奶糖十顆；四十克，獎泡泡糖十條……」

奇蹟出現了。這天上午，全城所有的理髮店門可羅雀，只有蘭苓小姐的理髮廳

門外，顧客排成了長龍。

更奇怪的是，這天上午，全城所有小學的教室裡都變得空蕩蕩的，學生少得可憐，那幾個來上課的學生個個都是患了牙病的。每個老師桌上都堆著一大疊請假單，請假理由全都一樣——理髮！

蘭苓小姐忙壞了，又是去銀行貸款，又是去食品店買糖果，接著就開門營業。最先剃的幾十位全是愛吃糖的小顧客，不分男女，個個要求剃光頭。有個小猴昨天剛理過髮，蘭苓小姐把他的頭髮全剃了下來，稱一稱也不到十克。小猴哭了。蘭苓小姐可憐他，仍然獎給他十粒彈子糖。

——節選自《盛世繁花・童話卷》

星光寶盒

漫遊　科幻　先進　奇幻　快捷

憧憬　科技　卓越　神妙　改善

變幻莫測：形容變幻多端，使人難以掌握規律。

氣象萬千：形容景色、事物富於變化，非常壯觀。

摩羯座（12月22日～1月19日）：摩羯座的人有超越常人的耐性，能夠長時間地做同一件事而沒厭煩感，即使是做同一件事情，他們也會從中找出不同的樂趣。在他們心中有這樣一個概念，那便是每做一件事都要將事情做好，所以在存錢及念書方面，他們都會持續不斷，努力不斷，從而達到自己的理想和目標。

第六單元

我的本領更強

點亮星空

你們會做些什麼？是怎麼學會的呢？選一件最想說的說說吧！還可以說說你學這個本領時的感受。

思路流星雨

暑假去海南旅遊時我學會了游泳。那真是一次難忘又愉快的經歷，我還喝了幾口海水呢！

我學會了思考問題、學會動腦筋、自己解決問題，還可以自己提出問題。

在鄉下，我學會了釣魚，釣魚的時候要有耐心，有恒心，這可不是一般人學得會的。

都說得很好，你也來說說吧！

我學會了騎自行車

盧磊。

我常常看到同學騎著自行車在路上飛奔而過，心裡羨慕極了：要是我也會騎自行車，那該多好呀！

不久，機會終於來了，我的叔叔買了一輛自行車，媽媽和叔叔談過後，就決定在星期六讓我到附近自行車道學騎自行車。

盼望已久的星期六終於到了，叔叔推著嶄新的自行車和我在筆架山中學見了面。這輛車從頭到尾都是綠色的，亮晶晶的車把，紅彤彤的尾燈，別提有多漂亮了！到了後，叔叔便開始教我了。

叔叔說：「要想學騎車，必須先學會滑車，滑得熟練了，自然就會上車了。上車後，身子要端正，車把也要扶正，腳一個勁地往前踩，車就能向前去了。」剛開始學，我有點兒害怕：「要是摔倒，會不會很疼？」叔叔笑著說：「不會的，我在後面扶你，不要害怕，只管往前騎。」我半信半疑地騎上了車。開始還很順利，可是叔叔一放手，車就會左搖右擺，我心裡一慌，車立刻失去了平衡，只聽見「砰」的一聲，我狠狠地摔了下來，膝蓋疼得要命，真不想學了。

可是，我又沉思起來：學騎自行車，這點苦都不能受，怎麼能學會騎車呢？想著，我就站起來，扶起自行車繼續練。不一會兒，我會騎了，可是有點兒累，我心想：自行車不是省力的交通工具嗎？可是我怎麼會累呢？我琢磨了好一陣子才想起來：哦！原來是這麼回事，別人是坐著騎，而我卻是站著騎，難怪會累。

想著，我就開始學坐著騎了，學坐著騎也是個難題。我每次坐上去，結果都摔了下來，經過無數次的失敗，我終於想起同學們是怎麼坐上去的。這下，我又開始練習了，我先慢慢地滑，等車輪滾動的時候，腳用力地踩，然後緩緩地坐下去，接著踩起來。真靈，我的車果然在自行車道上飛快地奔馳著，而且也不累了。

到了晚上，我就騎著自行車回了家，到了家雖然我已是筋疲力盡，傷痕累累，但是，我的心裡還是美滋滋的。因為，我終於學會了騎自行車。

現在，我已經學會單手騎車和載人了。可是每次騎車，總會想起學車時的情景。從這次學車中我明白了一個道理：做什麼事都要有恒心，也真正體會到了那句話的含義：世上無難事，只怕有心人。

林藍老師的話

小作者在文章裡具體寫了學騎車的經過，把學習騎自行車本領的經過寫得有聲有色，重點寫了自己在學騎車過程中的困難與想法，寫出了自己真情實感。

我獨自完成了作業

暮春

原來都是爸爸媽媽幫助我聽寫詞語和檢查課文朗讀，現在，爸爸媽媽都調到外地工作了，家裡只剩下我和奶奶，那誰幫我聽寫詞語和檢查課文的朗讀呢？這下我可糟糕了。

不巧，今天老師又留了一項聽寫作業。回到家裡，我急得團團轉。讓奶奶念，可是有很多字她都不會念。這可怎麼辦呢？

突然，我眼前一亮，看見了寫字檯上的錄音機，對！就讓它幫我吧！

我急忙插上電源，放入空白磁帶，拿起話筒按下錄音鍵，便讀了起來：陶醉——曲譜——粗糙……我這一手怎麼樣呢？我啟動開關，聽錄音的效果，可是等了好一會兒，竟無聲無息。這是怎麼回事呢？原來，我忘了按播放鍵了。

我並沒有灰心，再次調整，按下播放鍵，我那尖尖的聲音放出來了，逗得我直

笑，我拿起紙和筆跟著寫起來。可是由於放音的速度太快，一會兒幾個詞就過去了。還沒等我寫完第一個詞語，馬上就該寫第二個了，弄得我手忙腳亂，只得寫完一個詞語按一下暫停鍵，寫完再打開……

這次聽寫搞得我暈頭轉向。唉！都怪我經驗不足啊！我心想：那以後怎麼辦呢？

我並沒有放棄，又一次打開錄音機，把念詞語的速度減慢了，讀完一個詞語間隔一會兒再讀下一個：陶醉——曲譜——粗糙……錄完一試，還真靈。我剛好把第一個詞語寫完，第二個詞語便開始了。「我成功了！」我興奮地叫了起來。它比父母聽寫朗讀的效果還好呢！以後，無論是聽寫詞語還是朗讀課文，我都沒問題了。

當我聽到錄音機裡傳出自己的聲音時，心裡可高興了。是它幫我克服了學習上的困難。我認為這是我的嘗試成功了，直到現在我還用著這種聽寫、朗讀的方法。

林藍老師的話

你真是個善於動腦，積極思考的人，我想和你交朋友。你寫的事真，寫自己的心情也很細。心理描寫就是這樣的吧！你的信念——只要付出就一定會成功。我也相信。

明日之星

初稿：

我拿起一個「馬」，放在可以保護「兵」的地方。他拿起「兵」向前移一格。我上「炮」，他也上「炮」，我把「車」移出來，他也移「車」，沒想到，我的「車」一下衝過去，吃了他的「馬」。他這才發現走錯了。我暗自笑起來。接著，我的「車」一退，「馬」一上，他忙拿「車」來補，就這樣，你上我下。

最終，我贏了，哥哥低著頭，好像埋怨自己：連小孩都下不贏，沒用。

林藍老師的話

選材尚可，作者有扣住「有趣」來寫的意識，但缺乏方法，特別是寫出人物特點的方法，人物的語言、神態、動作、心理活動等有趣在哪？另外，結尾應簡單交代這件事的意義。

修改稿：

我拿起一個「馬」，放在可以保護「兵」的地方，「哥哥太厲害，還是以守為攻，小心為妙。」他拿起「兵」向前移一格，我上「炮」，他也上「炮」，我把「車」移出來，他沒考慮，順手出「車」，沒想到，我的「車」一下衝過去，吃了他的「馬」。他這才知道走錯了，一下愣在那裡，真是「呆若木雞」呀，我暗自笑起來。接著，我的「車」一退，「馬」一上，他忙拿「車」來補。就這樣，你上我下，你進我退，戰鬥十分激烈，但哥哥少了個「馬」，我又下得很仔細，躲過了他的「圈套」，「車」、「馬」、「炮」兵臨城下，殺得他手忙腳亂。

最終，我贏了，哥哥低著頭，臉紅得像煮熟了的蝦子。

我得意地嚼著牛肉乾：「誰叫你吊兒郎當的，『驕兵必敗』，活該！」

我的文學生活

冰　心

我開始寫作，是一九一九年，「五四」運動以後——那時我在協和女大，後來併入燕京大學，稱為燕大女校——「五四」運動起時，我正陪著二弟，住在德國醫院養病，被女校的學生會叫回來當文書。同時又選上女學界聯合會的宣傳股。聯合會還叫我們將宣傳的文字，除了會刊外，再找報紙去發表。我找到《晨報副刊》，因為我的表兄劉放園先生，是晨報的編輯。那時我才正式用白話試作，用的是我的學名謝婉瑩，發表的是職務內應做的宣傳文字。

放園表兄覺得我還能寫，便不斷地寄《新潮》、《新青年》、《改造》等十幾種新出的雜誌給我看。這時我看課外書的興味，又突然濃厚起來，我從書報上，知道了杜威和羅素，也知道了托爾斯泰和泰戈爾。這時我才懂得小說裡是有哲學的，我的愛小說的心情，又顯著的浮現了。我醞釀了些時，寫了一篇小說《兩個家庭》，

很羞怯地交給放園表兄。用冰心為筆名，一來是因為冰心兩字，筆畫簡單好寫，而且是瑩字的含義，二來是我太膽小，怕人家笑話批評；冰心這兩個字，是新的，人家看到的時候，不會想到這兩字和謝婉瑩有什麼關係。

稿子寄去後，我連問他們要不要的勇氣都沒有！三天之後，居然登出了。在報紙上看到自己的創作，覺得有說不出的高興。放園表兄又竭力地鼓勵我再作。我一口氣又作了下去，那時幾乎每星期有出品，而且多半是問題小說，如《斯人獨憔悴》、《去國》、《莊鴻的姊姊》之類。

這時做功課，簡直是敷衍！下了學，便把書本丟開，一心只想做小說。眼前的問題做完了，搜索枯腸的時候，一切回憶中的事物，都活躍了起來。快樂的童年，大海，荷槍的士兵，供給了我許多的單調的材料。回憶中又滲入了一知半解，膚淺零碎的哲理。第二期一九二〇～一九二一的作品，小說便是《國旗》、《魚兒》、《一個不重要的兵丁》等等，散文便是《無限之生的界線》、《問答詞》等等。

談到零碎的思想，要連帶著說一說《繁星》和《春水》。這兩本「零碎的思想」，使我受了無限的冤枉！我吞咽了十年的話，我要傾吐出來了。《繁星》、《春

水》不是詩。至少是那時的我，不在立意作詩。我對於新詩，還不了解，很懷疑，也不敢嘗試。我以為詩的重心，在內容而不在形式。同時無韻而冗長的詩，若是不分行來寫，又容易與「詩的散文」相混。我寫《繁星》，正如跋言中所說，因看泰戈爾的《飛鳥集》，而仿用他的形式，來蒐集我零碎的思想。（所以《繁星》第一天在《晨副》登出的時候，是在「新文藝」欄內。）登出的前一夜，放園從電話內問我，「這是什麼？」我很不好意思的，說：「這是小雜感一類的東西……」

——節選自《冰心散文集》

星光寶盒

發毛　哆嗦　笨拙　領會　俐落

心虛　模仿　琢磨　舒心　熟練

半途而廢：半路上中斷、中止，比喻做事有始無終。

駕輕就熟：駕著輕便的車，走熟悉的路，比喻對事情很熟悉，做起來很容易。

水瓶座（1月20日～2月18日）：水瓶座的你體內潛藏著演說的才能，在平日裡你這方面的才華顯示得不是十分的明顯，在人多的時候你偶爾還會表現得有些羞澀，當你真正地了解到自己的長處，並能努力充實自己在這方面的才能時，你一定能在有演講的活動中成為衆人矚目的焦點，而絕不會再有羞澀感，說不定你會成為一名優秀的演說家喲！

第七單元

家鄉，變、變、變

點亮星空

宗鄉在發展，在變化，你有沒有留意到呢？你的宗鄉變了嗎？變成什麼樣子？回憶一下過去和現在宗鄉的樣子，談談宗鄉的變化。

思路流星雨

宗鄉的路變寬了、車多了、人也多了，有了城市的氣息。

宗鄉的變化多得數不清：平房變樓房，小房變大房，電器多了，飯菜豐富了。

宗鄉的山變成了「野生動物園」，有了「保護動物協會」。野味館不見了，動物診所多了。

宗鄉的變化真不小，你的宗鄉變了嗎？

家鄉美如畫

棕玲

我的家鄉沒有都市的繁華熱鬧，沒有大海的波濤洶湧，沒有名川大山。但它卻有著風景美如畫的山川、田野。

我的家鄉地處閩浙贛三省交界的縣城，由於兩座大山擋住了去路，交通不便，嚴重限制了經濟發展，縣政府提出了「要致富，先修路」的口號，開通了「樟元山隧道」和「五險嶺隧道」，其中「樟元山隧道」是全省最長的隧道。現在來家鄉投資開工廠的人多了，一座座高樓拔地而起……

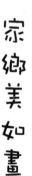

我的家鄉是山清水秀的好地方。山是綠色的，當柔柔的春風拂醒了大地時，家鄉的群山就穿上了一件綠衣。綠的草、綠的樹、綠的森林。放眼望去，滿山是綠，像是綠色的海洋。

盛夏，你瞧，綠綠的柰果漫山遍野，沉甸甸的柰果壓彎了樹枝；再往田野中看，「接天蓮葉無窮碧，映日荷花別樣紅」。一朵朵蓮花盛開，美如畫。

深秋，橘子、板栗、獼猴桃成熟了，家鄉一片繁忙的豐收景象。特別是漫山遍野的桂花，相當引人注目。

「金秋季節，十里桂花香」，令人如癡如醉。桂花可以做桂花糖、桂花酒。正月裡，沖一杯茶招待客人，香甜可口，沁人心脾。

金秋季節，我來到爺爺家的果園。你瞧，金橘子掛滿了枝頭，像一個個小燈籠，它們有的昂著頭，有的兩三個擠在一起，有的躲在樹葉底下……

稻田是一片金黃，沉甸甸的稻子在秋風裡搖晃著，掀起金黃色的稻浪，好像是金黃色的大地毯。

現在，家鄉人正振奮精神，奮力進取，向小康生活邁進。我相信家鄉的明天，

將會變得更加美好。

林藍老師的話

小作者觀察仔細，選材新穎。開頭先造成懸念，再用轉折手法寫家鄉的山川、田野風景美如畫。按照「春、夏、秋」三個季節寫家鄉，突出了家鄉風景美如畫。

爺爺結婚

陳小山

我的爺爺今年六十歲了，奶奶在爺爺退休前便去世了，這對爺爺的打擊太大了。打那以後，爺爺的臉上佈滿了愁雲。後來經過親戚朋友的奔波，爺爺那臉上的愁雲不見了。

一天吃過晚飯，一家人圍著爺爺聊天，爺爺笑著說：「我的事成了，成了。」我急著問：「爺爺，什麼成了，什麼成了?把您高興成這個樣子?」「你這個小孩，真是調皮鬼，明知故問。」爺爺說著哈哈大笑起來。「什麼?」我接著問：「爺爺真的要娶新奶奶了。」

當時我氣得差點兒哭了。奶奶剛去世兩年，我們還悲痛未過，爺爺也真是……再說誰知道新奶奶的心。咳!我們班小明的新媽媽，剛到小明家，什麼小乖乖叫個不停，後來生了一個胖小子，就叫小明停了學，留在家照料她的小寶貝。到底這新

奶奶會是個怎樣的人?但願不要像小明新媽媽那樣子。

中秋那天，我和同伴們在田野裡，跳啊、蹦啊，正玩得起勁時，爺爺叫我回去，我只好回到家。爺爺說：「奶奶就要來了，快去躲起來，不要讓她給看見了！」媽媽也說：「等下你到叔叔家裡去。」我噘著嘴，沒吭聲。媽媽又接著說：「這是風俗，要聽話。」

於是我到了叔叔家，叔叔對我說：「爺爺要成親，是讓他度個愉快的晚年，不該生氣，應高興才對。奶奶就要來了，以後你要尊重她，孝敬她。」我點點頭，可心裡還是有點彆扭……

明亮的圓月已笑吟吟地掛在天邊，叔叔叫我回家。我到家一看，好多人正圍著新奶奶問這問那。我真想跑到她面前叫聲：「奶奶！」可我沒有這膽量，只是膽怯地站在一邊看著。

新奶奶五十來歲，剪著短髮，一雙眼睛炯炯有神，慈祥的臉龐掛著笑容，穿著灰藍的衣服和黑色的褲子，顯得樸素大方。她正和阿姨阿嬸們攀談，好像對這裡的一切都十分熟悉。看著她那滿是笑容的臉龐，聽著她的細聲細語，回想起我生過爺

爺的氣，我不由得臉紅到了耳根。

我那膽怯之情和先前的疑慮，也拋到了九霄雲外。我壯著膽子，走到她眼前，叫了聲「奶奶！」她一把拉我到身邊，抱著我，笑咪咪地問長問短。爺爺笑得合不攏嘴，媽媽更是笑彎了腰，鄉親們站在一旁發出嘖嘖的讚許聲。這笑聲歡語，飛出門外，縈繞在月空……

願千千萬萬的爺爺奶奶都能有個快樂的晚年！

路曼曼的話

通過爺爺再婚的經過，寫了爺爺再婚的欣喜，寫了爺爺對再婚的新的見解，體現了爺爺的思想解放。你選材夠特別，從爺爺結婚就可以看出人們心態的改變，這也是家鄉的一種變化。

明日之星

初稿：

我愛家鄉的山，愛家鄉的一草一木，愛家鄉的小河。

河裡的水，有時急，有時慢。

河的兩岸種植著兩行垂柳，柳枝垂到河面。垂柳的下邊是一大片野花，遠遠望去，就像一條綠色的綢帶上繡著無數美麗的小花。

林藍老師的話

景物描寫層次分明，但描寫欠具體，不夠生動，第一句寫愛小河，但未突出「愛小河」這一主題。

修改稿：

我愛家鄉的山，愛家鄉的一草一木，但我更愛我家門前的那條小河。

河裡的水，有時候急匆匆，像要辦什麼急事似的；有時候慢吞吞，像一位優閒無事的老人在散步。

河的兩岸種植著兩行垂柳，柳枝垂到河面。微風吹來時，垂柳就左右搖動，就像一個個披著長髮的仙女在跳舞。垂柳的下邊是一大片野花，花開得正豔，引來一群群蜜蜂圍著它們轉。遠遠望去，就像一條綠色的綢帶上繡著無數美麗的小花。

故鄉的野菜

周作人

我的故鄉不止一個，凡我住過的地方都是故鄉。故鄉對於我並沒有什麼特別的情分，只因釣於斯游於斯的關係，朝夕會面，遂成相識，正如鄉村裡的鄰舍一樣，雖然不是親屬，別後有時也要想念到他。我在浙東住過十幾年，南京東京都住過六年，這都是我的故鄉；現在住在北京，於是北京就成了我的家鄉了。

日前我的妻往西單市場買菜回來，說起有薺菜在那裡賣著，我便想起浙東的事來。薺菜是浙東人春天常吃的野菜，鄉間不必說，就是城裡只要有後園的人家都可以隨時採食，婦女小兒各拿一把剪刀一隻「苗籃」，蹲在地上搜尋，是一種有趣味的遊戲的工作。那時小孩們唱道；「薺菜馬蘭頭，姊姊嫁在後門頭。」後來馬蘭頭有鄉人拿來進城售賣了；但薺菜還是一種野菜，須得自家去採。關於薺菜向來頗有風雅的傳說，不過這似乎以吳地為主。《西湖遊覽志》云：「三月三日男女皆戴薺

菜花。諺云：「三春戴薺花，桃李羞繁花。」顧祿的《清嘉錄》上亦說：「薺菜花俗呼野菜花，因諺有三月三螞蟻上灶山之語，三日人家皆以野菜花置灶陘上，以厭蟲蟻。清晨村童叫賣不絕。或婦女簪髻上以祈清目，俗號眼亮花。」但浙東人卻不很理會這些事情，只是挑來做菜或炒年糕吃罷了！

黃花麥果通稱鼠曲草，係菊科植物，葉小微圓互生，表面有白毛，花黃色，簇生梢生。春天採嫩葉，搗爛去汁，和粉作糕，稱黃花麥果糕。小孩們有歌讚美之云：

黃花麥果韌結結，
關得大門自要吃，
半塊拿弗出，一塊自要吃。

清明前後掃墓時，有些人家——大約是保存古風的人家——用黃花麥果作供，但不作餅狀，做成小顆如指頂大，或細條如小指，以五六個作一攢，名曰繭果，不知是什麼意思，或因蠶上山時設祭，也用這種食品，故有是稱，亦未可知。自從十二三歲時外出不參與外祖家掃墓以後，不復見過繭果，近來住在北京，也不再見黃

花麥果的影子了。日本稱作「禦形」，與薺菜同為春天的七草之一，也採來做點心用，狀如艾餃，名曰「草餅」，春分前後多食之，在北京也有，但是吃去總是日本風味，不復是兒時的黃花麥果糕了。

——節選自《周作人散文》

考題設計

一次不平常的考試

「考試」這兩個字，可寫同學們熟悉的考試，還可取其引伸義、比喻義，更容易寫出新意。

此題的關鍵是理解「不平常」，在選材、立意上要考慮這一關鍵字，圍繞這一點寫出不同於往常、不一般的地方，突出這個重點，寫具體，寫生動。在文章結尾，要點明這次考試不平常在哪裡或這次考試的意義。

××的自述

題目中的「自述」是指自己介紹自己，對自己的特點進行展示，或幫自己辯解某種冤屈。空白處可以填人名、動物名、植物名、礦產名、地名、某物品名等。這篇文章的題目可以補充為《狼的自述》、《水的自述》、《我的自述》、《梧桐樹的自述》、《文具的自述》等。

那次，我……

首先，題目可以補充為《那次，我得了「零分」》、《那次，我嘗到了甜頭》、《那次，我被感動了》、《那次，我想起了媽媽》等。

建議用倒敘的方式，將事情的來龍去脈記敘得清楚明白，要抓住這件事給你留下的教訓、啟發或其他感受，給讀者留下深刻的印象，注意把心中真實的想法具體地表達出來。請恰當地使用比喻的方法和動作、心理、語言的描寫。

寒假裡的故事

寒假裡有許多傳統的節日，可以寫節日裡的故事；寒假裡有美麗的冬日風光，可以寫冬天裡的趣事；寒假裡還有許多意想不到的故事，可以寫自己特別的經歷……想寫什麼都可以，只要抓住「寒假裡」來寫。

爲什麼……

從我們牙牙學語的時候開始，我們的腦子裡就有許多個「為什麼」。為什麼天這麼藍？為什麼草這麼綠？為什麼人會長大？……伴隨著這一個個問號，我們漸漸長大。「為什麼」裡有困惑有發現，有煩惱，有笑聲。將題目的省略號補充完整，寫寫心中的「為什麼」。

第八單元

春天新發現

點亮星空

春天到了，請同學們走進春天，用眼睛看、用耳朵聽、用鼻子嗅、用心靈去感受，說一說你都發現了什麼？

思路流星雨

我發現了粉色的桃花，嫩綠的小草，抽芽的柳枝，還有火紅的杜鵑。

我發現了春江水暖，春光明媚，春水盈盈，春暖花開，簡直一片春意盎然。

我發現春天的雨很少，可春雨很舒服，落在身上像在給我按摩。

你的感受真獨特，還有誰有新想法呢？

早春細雨

翁宇華

雨，在下著。靜靜的，輕輕的。雨絲從濛濛的天空中飄下來，沒有聲響。即使飄到牆上、行人身上，也還是靜默無聲，像是怕攪擾了什麼人。

地上沒有積水，雨絲便濺不起那惹人注目的水花。它一挨地，即與泥土合為一體。一會兒，地面就變得潮濕而潤澤，空氣中也瀰漫了早春特有的微微的寒意和清新的氣息。

這是春雨？一提到春雨，我眼前便會出現一個美妙的畫面：隨著那淅淅瀝瀝的雨

點的降臨，小草鑽出地面，樹的葉芽探出頭，花兒含羞地伸出小苞，莊稼也變得綠油油地招人喜愛。所有這些，連同人們的欣喜和歡笑，組成了一支春的交響曲。彷佛奇蹟般的，一切都從冬的沉寂中被喚醒了。

然而，面前這早春的細雨，卻好像並沒有帶來任何「奇蹟」。在這柔和的、輕煙般的雨霧中，花、草、樹、莊稼，一切似乎還是老樣子，人們呢？也像往常一樣，忙忙碌碌，行色匆匆。

看那位退休的老爺爺，依舊拿著他那把大掃帚，只是多披了一件舊雨衣。他掃著，一下，一下，伴著輕輕的、有節奏的「沙沙」聲。他身後，是一條乾淨的路。噢，王老師！她又是剛剛從托兒所裡跑出來，拎著提包，提包外還掛著飯盒。大概是要趕去上課吧，她緊跑了幾步，隱入了人流中。

一輛卡車停在菜店門前。第一個跑出來的又是她，那個有著運動員般雄赳赳的高個子姑娘。她一下子便從車上卸下一筐菜，朗聲笑著，不顧泥水打濕了她那條漂亮的褲子。

瞧，那位警察，還有那個……

這雨霧中的一切，在我面前閃動著，閃動著，漸漸地，和這早春的細雨融為一體了。

我突然記起杜甫吟詠春雨的名句：「隨風潛入夜，潤物細無聲。」是啊，在這潤澤的土地下面，花、草、樹、莊稼，都正舒展著它們的根鬚，接受這早春細雨的恩澤，為了那五彩繽紛的時刻。「潤物細無聲」，正是絢爛的春之交響曲的前奏，它似乎並沒有帶來什麼奇蹟，但它卻孕育著最偉大的奇蹟。

雨，還在下著。靜靜的，輕輕的。這早春的細雨。

林藍老師的話

本文以「靜靜的，輕輕的」細雨為線索，以第四段為過渡，分前後兩大部分。前一部分寫「雨」，後一部分寫「人」，寫得意味深長。最後，巧引杜甫吟詠春雨的詩句，深化題意。

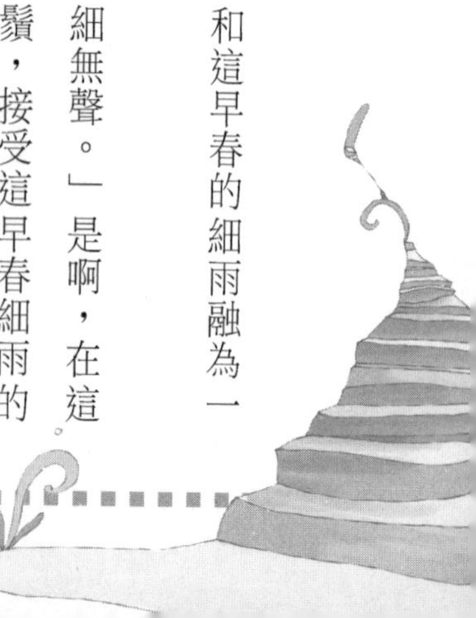

有活力的，才是最美的

牛曉丹

春日裡，碧草如茵，景色絢麗，無限春光透出一股勃勃生機。我正在草地上玩耍嬉戲，一隻上下翻飛的黃蝴蝶闖入我的視線。

黃蝴蝶好像故意逗我似的，在我眼前翩翩起舞。牠一會兒劃著弧線向上升，一會兒繞著圈子往下降，一會兒又在我頭頂上打轉轉。女孩兒愛美的天性向我下了命令，「抓住牠！抓住牠！」

我向黃蝴蝶伸出手去，牠輕快地飛走了，我在後面緊緊追趕。

儘管黃蝴蝶邊飛邊舞，一副漫不經心的樣子；我呢，則是全力以赴地追趕，但是直到累得我精疲力竭也沒抓住牠。

我仰面朝天地躺在草地上喘著粗氣。那隻黃蝴蝶可能也累了，從我眼前飛過，落在了離我身旁不遠的一朵花上，一對綴著花紋的翅膀輕盈地立在了背上。

「不行，我一定要捉住牠！一定要捉住牠！」我給自己下了死命令。我輕輕地向黃蝴蝶挪去，猛地一伸手，捏住了牠的翅膀。「哈哈！逮到了！逮到了！」我在草地上歡呼雀躍。

「莊生曉夢迷蝴蝶。」李商隱的詩句像一支快樂的音符，從我口中流出。我換了隻手，捏住蝴蝶的腹部，看著牠，說：「美麗迷人的蝴蝶，這下你可屬於我了！」然後，我像欣賞藝術作品似的凝視著蝴蝶。

不知怎麼的，我總覺得在我手中的蝴蝶，遠不及在牠逗我時和被我追趕時美麗。

一陣微風吹過，花兒輕輕搖曳著，比呆立不動時美多了。我霎時明白了，我喜歡的是自由飛舞的蝴蝶，而不是成了我的俘虜的這隻可憐的小生靈。於是，我鬆開手指，蝴蝶飛走了，一跌一跌地飛向遠方。

我出神地望著漸已模糊的蝴蝶，沉思著：莊子夢見蝴蝶，就是羨慕牠的自由，喜歡牠的活力。要想讓我們生活的這個世界永遠美麗，永遠充滿活力，我們就應該給自然界的生物們，一個自由生活的天地，不要去限制、束縛牠們。

啊，蝴蝶，謝謝你，你讓我懂得了一個真理，一個生命的真諦：有活力的，才是最美的！

馬小跳的話

《有活力的，才是最美的》這一題目就很吸引人，給人耳目一新的感覺。捉放蝴蝶，這對我們來說本是一件小事，但你卻以自己的一雙慧眼看出了蘊含其中的哲理——有活力的，才是最美的，令人不得不對你敏銳的洞察力深感佩服。

明日之星

初稿：

瞧！陽春三月的早晨，我又來到了小河邊。流水唱著歌，向東流去。水中的魚自由自在地游著，好不快活！近看，那柳芽像一顆顆綠星星掛滿枝頭，可愛極了，「好婀娜多姿的垂柳！」我不禁歎道。

林藍老師的話

文段寫春天的早晨，小河邊的風景，寫景有一定順序，寫得有條理，描寫也較生動，但若能將自己也投入景中，與景物「交流」，文段會更生動，景物也會「活起來」，還可適當用些擬人的手法。

修改稿：

瞧！陽春三月的早晨，我又來到了小河邊。潺潺的流水唱著歡快的歌，嘩啦啦地向東流去。水中的魚自由自在地游著，好不快活！幾棵柳樹正在河邊梳洗長長的秀髮，那柳枝纖細而柔軟，像瀑布一瀉而下，在微風的吹拂中擺著腰肢。近看，那柳芽像一顆顆綠星星掛滿枝頭，搖搖擺擺，可愛極了，而我，似乎也變成了其中的一顆，和柳枝一起盪著秋千，「好婀娜多姿的垂柳！」我不禁歎道。柳樹彷彿聽懂了我的話，搖晃著枝條說：「嗨！老朋友，我們又見面了。」

春天來了

亞米契斯

今天是四月一日，離放假只有三個月了，今天早晨是一年中最美好的早晨。今天我非常高興，因為柯萊蒂後天要與他父親一起去迎接國王，他叫我一同去。國王認識他的父親。我母親也答應那天帶我去參觀瓦爾多科大街上的幼稚園。我高興極了，還因為小泥瓦匠的身體好多了，還有昨天老師路過我家時，我聽見老師告訴我父親說：「他最近學習還不錯！」

今天一起來就是一個春光明媚的早晨。從教室的窗子望出去，看見藍藍的天空，院子裡的樹木已經發出嫩芽。家家戶戶敞開的窗子上，都擺放著綠意盎然的花盆和花架。我們的老師臉上沒有笑容，因為他從來不笑。但脾氣很好，額頭上那道皺紋幾乎看不到了。他一邊開玩笑似的給我們講課，一邊愉快地呼吸著從窗外吹進來的空氣，空氣中充滿了泥土的氣息和花草的芳香，令人遐想到鄉村漫步。上課

時，聽得見鄰街一個鐵匠在鐵砧上打鐵和街對面的房子裡一個婦人正在哼著催眠曲，哄孩子入睡。遠處的切爾那亞軍營傳來陣陣的號聲，所有的人都顯得那麼高興，甚至包括斯塔爾迪。這一陣兒鐵匠敲得更響，婦人唱得更響了。於是，老師停下課，側耳傾聽著，然後望著窗外，慢慢地說：「天空在微笑，母親在歌唱，誠實的人們在工作，孩子們在學習，多麼美好的事情啊！」

走出教室，我們發現其他班上的學生也像我們一樣興高采烈，哼著歌曲列隊而行，把腳步踩得震天價響，好像馬上就可以放四天假了似的。女教師們相互開著玩笑，那個帽子上插著紅色羽毛的老師也像個小學生似的跟在她的學生後面蹦蹦跳跳的。家長們在談天說笑，賣菜婦人、克洛西的母親在她的籃子裡放了許多紫羅蘭，使整個學校大廳都充滿了花香。當看見母親在街上等我的時候，我從來沒有像今天上午這樣高興過，我迎上前去，對她說：「今天我真高興啊！是什麼讓我今天上午這樣高興的呢？」母親微笑著告訴我說：「這是因為美好的季節來臨了，再加上你有一個純潔的內心的緣故。」

——節選自《愛的教育》

星光寶盒

暖陽　綠意　抽枝　春裝　清香

融化　復蘇　幼芽　垂柳　春光

亭亭玉立　百花盛開　粉妝玉砌　生機勃勃

飽滿豐潤　山水畫卷　清新秀麗　鳥語花香

草長鶯飛：綠草茂密，黃鸝飛舞，形容春天的景色。

奼紫嫣紅：萬紫千紅，五彩繽紛，形容花兒美麗動人。

春風化雨：適宜於草木生長的風雨，比喻良好的教育。

春風滿面：形容愉快和藹的面容。

雙魚座（2月19日～3月20日）：表面上嚴肅、認真的你，其實在血液中蘊含著幽默的細胞，很有搞笑的才能，你最大的本事是能將別人心中的烏雲一掃而光，帶給人萬里晴空的心境，這使你的朋友覺得和你在一起彷彿什麼傷心的事都可以迎刃而解，不再煩惱、不再憂慮、可以開心地面對未來的一切事情。

第九單元

怎一個「悔」字了得

點亮星空

誰都知道世界上沒有後悔藥，可總有些時候我們會後悔。錯怪了別人，很後悔；馬虎粗心，會後悔；做了錯事，也後悔。你最後悔的事，相信一定還記得吧！

思路流星雨

和馬小跳他們辯論，我低估了他們，後來居然輸了。

學夏林果的樣子，以為很漂亮，卻失去了自己本來的個性。

我對路曼曼的口試題的答案，可她用假的騙我，害我一下錯了五十三題，還被老師處罰。

要做全對，就要認真，你是該後悔！

悔

薛凌雲

「糟了，又起晚了。」今天是星期一，新學期第一個升旗儀式，老師説過任何人不允許遲到，都要按時參加。我嚇出一頭冷汗，三下五除二地穿好衣服，拿了一塊麵包，揹上書包衝下樓，騎上自行車以最快的速度向學校奔去。為了節省時間，我只好抄小路行走。

騎著騎著，突然前面有一位滿頭白髮，拄著拐杖的老爺爺。只見他一手拄著拐杖，一手提著方便袋，裡面盛著半袋豆漿，他低著頭正一步步向前走著，似乎沒發覺我正向他衝來。我嚇呆了，不知如何是好，車子一下子撞在老爺爺身上。老爺爺重重地摔在地

上，手裡的豆漿甩出老遠，乳白色的豆漿灑了一大片。車子也隨之倒在我這邊，重重地壓在我身上。我使勁掙扎著站起來，立起車子，本想把老爺爺扶起來，可是我又怕誤了升旗儀式，受到老師的批評。於是我四下望望，見路上一個行人也沒有，便急忙跳上車子飛奔而去。

來到學校，同學們正排著整齊的隊伍向操場走去，我放好車子，趕緊站在了隊伍的後邊。但我的心裡卻像揣著隻兔子忐忑不安。望著徐徐升起的國旗，我心裡真不是滋味，小孩子應該誠實，助人為樂，我卻……我耳邊似乎傳來老爺爺的呻吟聲。

升完旗，我沒顧得上回教室，騎上自行車又回到那條小道上，我多麼希望老爺爺平安無事，也多麼希望老爺爺還在那裡等著我，讓我親手把他扶起來，或者把他送到醫院裡。可是我來到那裡，已經不見了老爺爺的蹤影，只有那一片乳白色的豆漿，還靜靜地躺在地上。

我無精打采地回到學校，內心充滿愧疚，想起那位老爺爺，我心裡就悔恨不已。

林藍老師的話

本文構思巧妙，情節起伏多變。本文的細節描寫和心理描寫，更體現出「我」純真、善良的內心世界。作者不僅從小事中挖掘深刻的思想，而且從佈局謀篇到遣詞造句，都顯示出了一定的功底。

錢買來的煩惱

熊麗麗

錢，可以換來歡樂，也可以給人帶來煩惱。不信，請聽我說說最近用錢「買」來的煩惱故事。

暑假中的一天，我跟爸爸媽媽上街買東西。當時因為我肚子很餓，爸爸給了我五十塊錢讓我去買漢堡包吃。誰知老闆娘在忙亂之中竟鬼使神差地多找給了我五塊錢。我剛想把錢退還給老闆娘，可轉念一想：反正沒有人知道，不要白不要，這錢我就先幫你「保管」吧！

這五塊錢對我來說，可不是一個小數目啊！平日讓人眼饞的自動鉛筆、香橡皮、美麗可愛的芭比娃娃等東西，這時一古腦兒地擠進了我的腦門。可是，一想到這，我心裡總是感到爸爸、媽媽、老師、同學等每個人都用眼睛看著我，彷彿都知道我做了虧心事。

一連好幾天，我想用這錢卻不敢用。有一天，我突然想去買東西，便拿著錢跑到了商店。我剛想付錢，好像聽到背後有人叫我：「喂！你在幹什麼？」我聽到後，便一溜煙似地跑走了。每當我看到同學們在嘀嘀咕咕地說悄悄話，頭還不時地往我這邊看，心裡就十分害怕。

為了告別這提心吊膽的日子，經過一番激烈的內心掙扎後，我將多找的錢退了回去。老闆娘還大大的誇獎我了呢！

說來也怪，當我辦完這件事後，頓時覺得天氣晴朗了許多，渾身像鬆了綁似的，一下子輕鬆多了，好像連樹上的鳥兒也在嘰嘰喳喳地誇獎我呢！

唉！不怕同學們笑話我，我後來一打聽，原來同學們對我多拿錢的事竟然一無所知呢！同學們，你們看看，我這不是用錢「買」了場煩惱，又是什麼呢？

林藍老師的話

寫了自己買漢堡時人家多找了自己五塊錢沒有退還給人家的事情，側重於寫自己收到錢後「心虛」，一系列心理描寫生動傳神。看來心理描寫是寫作文的一個好方法。

明日之星

初稿：

這條路實在不好走，那麼多坑窪和石頭，一個不小心就會被碰倒。就在我快到家門時，被石頭一碰，摔在了地上，汽水瓶被摔破了，碎玻璃扎進我的手裡。我痛得大哭起來，爸爸聞聲跑了出去，見我這副模樣，忙把我送進了醫院，醫生為我拿玻璃時，我痛得齜牙咧嘴……

唉，這真是個慘痛的教訓。

林藍老師的話

文段敘事清晰，較具體，有條理。問題的關鍵是作者沒能很好地總結出造成摔跤的主觀方面的原因。

修改稿：

這條路實在不好走，那麼多坑窪和石頭，一個不小心就會被絆倒，我一邊走，心裡卻惦記著剛才的電視節目：「到底是誰殺了那女主人？僕人，還是前夫？也許是？不不不……」一路邊有一家的電視正好在放這個台，我趕緊扭頭去看，恰巧這時腳踩在一顆小石頭上，腳下一滑，身體重重地摔倒在地上，汽水瓶摔破了，碎玻璃扎進我的手裡。我痛得大哭起來，爸爸聞聲跑出來，看見我這副模樣，忙把我送進了醫院，醫生為我取碎玻璃時，那股鑽心的痛呀，就別提了。不用說，汽水沒喝成，電視沒看成，還花了一筆醫藥費。

這件事，把一道傷痕永遠留在我的手心裡，也把一個教訓深深刻在我的心裡——做任何事都要專心致志，一心二用，只會落個雞飛蛋打的結局。

想對你說聲對不起

楊紅櫻

趁魯肥肥孤芳自賞的時候，我去給冉冬陽打電話，向冉冬陽道歉。

「冉冬陽，我……」

我聽見話筒那邊，冉冬陽吸鼻子的聲音，她哭了。

「冉冬陽，你別哭啊！」我已經語無倫次，「豬肝是煮熟了的，都怪『貝多芬』自己貪吃，吃壞了肚子……」

「誰哭了，誰哭了？」

魯肥肥衝過來問。我把錯怪冉冬陽的事情講給他聽，魯肥肥認為事情嚴重了。

「我跟冉冬陽同窗六年，還從來沒見她哭過。現在她哭了，一定是傷心欲絕。」

雖然我知道魯肥肥在誇大其詞，但我還是有點緊張。

「我是想向她道歉的，可就是說不出口。」

「道歉有什麼用？看來，這事兒還得我親自出馬，替你擺平。」

魯肥肥一邊說，一邊向我伸出一隻手來。我明白了他的意思，他是在向我預支酬勞。

我打開包，拿出一包在康定買的「李大姊牛肉乾」扔給他。只一眨眼工夫，不知他是怎麼開的包裝袋，他已拉出一塊牛肉乾在嘴裡嚼起來。這是魯肥肥的絕活兒，只要裡面裝的是吃的，不管什麼樣的包裝，他都能在最短時間內，讓裡面的東西到他嘴裡。

「把那個包打開看看，有沒有女孩子喜歡的東西。」

我把包打開，魯肥肥一眼就盯住了那面藏族老媽媽送給我的銅鏡。

「你要照鏡子？」

我把這面鏡子的來歷講給魯肥肥聽了，魯肥肥把銅鏡拿在手裡把玩著，好似什麼寶貝似的。

「如果把這面銅鏡送給冉冬陽，冉冬陽可能會原諒你。」

我這時候惟一的願望就是：只要冉冬陽不再生我的氣，送她什麼都成。

魯肥肥搖搖擺擺地去給冉冬陽打電話。

「冉冬陽，你猜我是誰？」

這是最無聊的電話語言，給女生打電話，魯肥肥也免不了俗。他那帶著鼻音的聲音哪裡用得著猜，誰都聽得出來，魯肥肥還是堅持要讓冉冬陽猜下去。

「冉冬陽，你猜吳緬給你帶回來一件什麼樣的禮物？不知道吧，想一想，白雪公主的後母愛問的一句話：『世界上誰最美麗？』她問的是什麼？對了。就是一面魔鏡，現在這面魔鏡就在我的手裡，不信，你問吳緬吧——吳緬，來接電話，冉冬陽的。」

我接了電話，謝天謝地，冉冬陽不生我的氣了。

——節選自《男生日記》

星光寶盒

嗚咽　悔恨　懺悔　自責　內疚

慟哭　懊悔　懊喪　哽咽　後悔

愧疚　追悔　慚愧　負疚　悔悟

惋惜　羞愧　遺恨　悔過

翻然悔悟：形容很快認識到錯誤而迅速轉變，徹底醒悟。

記憶猶新：對過去的事記得很清楚，就像新近發生的一樣。

怨天尤人：抱怨天，埋怨別人，形容對不如意的事情一味地歸咎於客觀環境。

星座泡泡船

白羊座（3月21日～4月19日）：雖然你有時常被人批評說只有三分鐘的熱度，其實你大可不必將他們的評價放在心中，因為你在從事細微工作中會表現得很有才華，這種才能也許你自己也不太清楚，但它是實實在在存在著的，好好挖掘一下你在細微工作中的潛能，努力地工作，你會很快推翻別人對你的刻板印象。

第十單元

有你，真好！

點亮星空

「我可以划船，不用槳；我可以揚帆，不管風向。可是與朋友離別，我卻不能不感傷。」可見，好朋友在我們心中是多麼重要，你的好朋友是誰呢？你們之間又會有什麼樣的故事呢？

思路流星雨

我的好朋友有三個，最好的就算毛超好了，他可是個君子，「動口不動手」，因為打不過別人，哈！

夏林果是我的好朋友，我們一起學習一起玩，她跳的舞可美了。

你也來說說吧！

我的好朋友久一

莊子健

我有一個非常非常好的朋友，他的名字叫張久一，他今年九歲了，我從七歲起就和他一起玩兒。雖然我在寄宿學校上學，久一在普通學校上學，我們在一起的時候只能是週末和寒暑假，但短暫的相處，也沒有妨礙我們成為知心朋友。

我認識的這個朋友和我周圍的許多小孩都不同，他簡直就是一個快樂的小精靈，永遠無憂無慮，永遠是那麼樂觀，任何事情在他身上，都可以變得十分有趣。

有一天，久一的媽媽買回來一堆螃蟹，久

一吵著一定要拿出幾隻玩兒。別以為他只是拿來看看，他的鬼主意可多了！你瞧，他把兩隻螃蟹放在地上，命令我看好牠們，不一會兒，只見他拿來一個從商店買回來的奇形怪狀的沙包，那個沙包的頂上有一根長長的細細的辮子，久一便用這根辮子去引誘螃蟹上鉤。很快一隻螃蟹的鉗子夾住了辮子，頓時，只聽久一高呼：「上鉤啦！上鉤啦！」久一抓住沙包，開始轉圈，一圈、兩圈、三圈，嘴裡還不停地嘀咕：「暈菜了吧？服嗎？求饒吧！我放了你！」

別以為久一會就此善罷甘休，他的壞主意還多著呢！因為一隻螃蟹上鉤他不過癮，他又想辦法讓另一隻螃蟹也夾住了辮子。於是，他故伎重演，更加瘋狂地讓兩隻螃蟹沒完沒了地轉圈，直到他自己手酸了為止。我看那兩隻螃蟹真可憐，名副其實的「暈菜」了。我想，牠們肯定在後悔：「還不如剛才就把我們煮了呢！」

久一的快樂還表現在他不停地在說話，無論白天還是黑夜。白天，他自編無數條順口溜逗大家開心，你聽這條：「嗝兒屁著涼大海棠，腳不丫子蘸白糖。」還有：「半夜三更，雞叫三聲。某某起床，打掃衛生。為了省電，絕不開燈。撲通一聲，掉進屎坑。」就這樣，久一反反覆覆地把一些亂七八糟的小段子，不厭其煩地

說給大家聽，無論他媽媽怎麼訓斥他也不停口。這只是白天，因為鬧得太厲害了，夜晚還照樣不消停，幾乎每晚都說夢話。可惜，有些夢話我沒有聽見，有些我雖然聽見了，但早上起來又忘了。只有一次我聽見他說：「看我來拯救地球！」誰知道他又在和誰「打仗」。

這就是我的朋友久一，多有意思的一個小男孩啊！

林藍老師的話

《我的好朋友久一》通過生動的外貌描寫和動作描寫，給我們講述了一個「有意思的小男孩」，不僅說話有意思，玩螃蟹時的動作也很有意思。

「潘二」奇傳

吳思思

「潘二」作為一個女孩子的綽號是不是挺有個性的？嘿嘿，過獎，過獎，這乃鄙人「惠贈」閨中密友之愛稱也。提起她，我便咬牙切齒。其實，「潘二」表面看起來不錯——請注意，我強調的是「看」。看起來她天真爛漫，活潑開朗，有點「帥」的酷氣。——嗚呼！想當初我就是被這美麗的外表蒙蔽，忽略了她「奸詐得意」的笑容，走進了她的「友誼陷阱」還尚不自知。直到她露出「狼外婆」的本性，我才如夢初醒。可惜為時已晚，追悔莫及呀！

為啥叫她「潘二」？因為她在我們班「女中豪傑」中，排名老二，所以才得此美稱，夠創意吧！四年級時，有位老兄不知說了什麼話，惹得潘二勃然大怒，白白的臉立刻變成了紅蘋果，眼睛瞪得核桃一般大。周圍的同學覺得大事不妙，一句話也不敢講，那位老兄更是心驚膽戰。果然「啪」的一聲，那老兄的文具盒成了犧牲品。可潘二還振振有詞：「這叫自討苦吃！」看到她剛才的火山爆發樣，我真正理解到「最毒婦人心」的厲害。不過，這點厲害根本不值一提，最最厲害的還是她「祖傳」的「陰陽還魂指」。只要她在你身上輕輕一捏，就會得到潘二給你的「愛心指印」。我身上已留下若干個指印，這比古人結繩記事方便多了。

我本來是個急性子，和她這個慢性子在一起，免不了「水火不容」。

放學後，我早已收拾好書包，可她卻慢吞吞地整理文具盒，我催她快點，她卻大聲說：「急什麼，反正作業不多，早點兒回家多沒意思。」弄得我在眾目睽睽之下把「清秀佳人」、「淑女風範」盡失，好沒風度。偏偏這位千金大小姐還在不知好歹地嘟囔著……

有一次，我笑著對她說：「我發現你有點兒像古代的老闆娘，又毒又狠。哈哈……」「哎喲」冷不防我的大腿像被蜂螫了一下。原來這潘二又使用了絕招。「我可是最怕人家碰我大腿了……」不好，洩漏天機了，偏偏她的耳朵特別靈，一聽「最怕」二字，就手舞足蹈：「啊，你的弱點總算洩漏了！」以後呀，我還是小心點兒，被人家抓住弱點的日子可不好過。

雖然潘二有點令我頭疼害怕，她的口才卻讓我佩服得五體投地。有一次，我無意中提到魯迅。她一聽，不緊不慢地說：「哦，魯迅。」接著，就是她的長篇大論。「魯迅是浙江紹興人，原名周樹人……《狂人日記》、《祝福》等都是他的作品……」她滔滔不絕地說著，儼然是一位演講者，我連插嘴的「縫」都沒有。

本來嘛，我吞吞吐吐怎能與她的伶牙俐齒相媲美！

關於潘二的故事三天三夜也說不完，不過最重要的是我倆「臭味相投」、「志同道合」。縱然是「爛友」、「惡友」，無奈中毒已深，不能回頭了。雖然潘二「惡貫滿盈」，可學習成績那是真厲害啊！

噢，對了，潘二小姐芳名潘亞梅，滿淑女的吧！

路曼曼的話

「潘二小姐」真有個性！你也有個性，能寫出只有古人才寫得出的味道來。兩個有個性的女孩自然會成為最好的朋友，就是你說的「閨中密友」。

明日之星

初稿：

「朋友啊！朋友，你可曾想起了我……」每當聽到這首歌時，我便想起了分別兩年多的好朋友——許夢。

我和許夢早在以前很久就認識了。直到小學畢業便分開了。許夢比我小兩個月，她是我的同窗好友，我們倆在班上是形影不離的好朋友，我們一起玩，一起討論難題。

在六年級時，我們之間的友誼因為一件小事而破裂了。

林藍老師的話

文章的結構、選材基本符合要求，但還存在用詞重複、錯別字、語句重複等毛病。

修改稿：

「朋友啊！朋友，你可曾想起了我……」每當聽到這首歌時，我便想起了分別兩年多的好朋友——許夢。

我和許夢很久以前就認識了。直到小學畢業才分開。許夢比我小兩個月，她是我的同窗好友，我們倆在班上是形影不離的好朋友，我們一起玩，一起討論難題，真可謂是——「有難同當，有福同享。」

在六年級時，我們之間的友誼因為一件小事而破裂了。

一個愛惜鼻子的朋友

沈從文

朋友中有三個同鄉，一個姓楊，本城高筧鄉下地主的獨生子。一個姓韓，我的舊上司的兒子（就是辰州府總爺巷第一支隊司令部留守處那個派我每天釣蛤蟆下酒的老軍官的兒子）。一個姓印，眼睛有點近視，他的父親曾做過軍部參謀長，因此在學校他儼然是個自由人。前兩個人都很用心讀書，姓印的可算得是個球迷。任何人邀他踢球，他必高興奉陪，球離他不管多遠，他總得趕去踢那麼一腳。每到星期天，軍營中有人往沿河下游四里的教練營大操場玩球時，這個人也必參加湊熱鬧。大操場裡極多牛糞，有一次同人爭球，見牛糞也拼命一腳踢去，弄得另一個全身一塌糊塗。這朋友眼睛不能辨別面前的皮球同牛糞，心地可雪亮透明。體力身材皆不如人，倒有個很好的腦子。玩雖玩得厲害，應月考時各種功課皆有極好成績。性情詼諧而快樂，並且富於應變之才，因此全校一切正當活動少不了他，大家得親昵的

稱呼他為「印瞎子」，承認他的聰明，同時也斷定他會「短命」。

每到有人說他壽命不永時，他便指定自己的鼻子：「大爺，別損我。我有這條鼻子，活到八十八，也無災無難！」

有一次，幾個人在一株大樹下言志，討論到各人將來的事業。姓楊的想辦團防，因為做了團總就可以不受人敲詐，倒真是個地主的好打算。姓韓的想做副官長，原因是他爸爸也做過副官長，所謂承先人之業是也。還有想管「常平倉」的，想做縣公署第一科長的，想做苗守備官下苗鄉去稱王做霸的，以及想做徐良、黃天霸，身穿夜行衣，反手接飛鏢，以便打富濟貧的。

有人詢問那個近視眼，想知道他將來準備做什麼。

他伸手出去對那個發問人打了個響榧子，「不要小看我印瞎子，我不像你們那麼無出息。我要做個偉人！說大話不算數，你們等著瞧吧。看相的王半仙誇獎我這條鼻子是一條龍，趙匡胤黃袍加身，不兒戲。」他說了他的抱負後，轉臉向我，用手指著他自己那條鼻子，有點眾人不識好漢英雄的神氣，「大爺，你瞧，你說老實話，像我這樣一條鼻子，送過當鋪去，不是也可以當個一千八百嗎？」

——節選自《沈從文散文》

星光寶盒

誠懇　友誼　隔閡　歡暢　關心

傷害　兄弟　友情　蕩漾　快樂

回眸一笑　相視而笑　咧嘴一笑　赧然一笑

莞爾一笑　靦腆的笑　怡然一笑　哈哈大笑

萍水相逢：像浮萍在水中漂泊不定，偶爾相遇，比喻互不相識的人偶然相遇。

深情厚誼：深厚的感情和友誼。

地久天長：跟天和地存在的時間一樣長，形容永久不變。

星座泡泡船

金牛座（4月20日～5月20日）：金牛座的人的味覺相當敏銳，對於美味的料理絕對不會放過，在烹調方面有潛在的才能，也許以前你從沒有嘗試過，或是你試過但並沒有得到過大家的讚美，不必灰心，只要你慢慢地發揮你潛在的能量，你一定會在烹調方面得到大家的讚賞的。也許你剛開始會有些不順利，沒關係，多做幾次會愈來愈得心應手的。

第十一單元

我終於成功了

點亮星空

「V」這個手勢代表成功，成功可以給人帶來快樂，讓人充滿自信。相信大家都有快樂自信的時候，那一定就是成功的時候，哪怕是一次小小的成功也說來和大家分享一下吧！

思路流星雨

我當選了「最佳野炊小組長」而且是全班都投了我的票。

我管馬小跳最成功。我的方法，馬小跳用就失敗，我來用，秦老師都表揚我管得好。

我的成績好，是小老師，這就是一種成功。

看來每個人的成功都不同，真想聽聽下一位的成功經歷！

第一次獨自搭公車

王文杉。

同學們，你們一定獨自搭過公車吧！

當然我也不例外，不過，先前那都是爸爸媽媽帶著我搭的，直到那一次去上美語班，我才學會了獨自搭公車。

那天一放學，我就急急忙忙給媽媽打電話，要媽媽接我去上美語班，可沒想到，媽媽的回答差點讓我當場暈

倒！電話那邊，媽媽說：「你已經不小了，我們帶你又搭過那麼多次車，今天我沒空，你就一個人搭車吧！」她又交代了幾句注意事項，就掛電話了。唉！母命難違，我拿著錢，直奔５５２站牌。

經過「長途跋涉」，５５２路站牌近在眼前了，頓時，我的心裡像藏了隻小兔子，「撲通撲通」地好像要跳出來了！這時，一輛５２２呼嘯而來，而我，竟然由於太緊張，把５２２看成了５５２，上去了！先前，路段都是和５５２一樣的，可就在離我要下的站只有幾十公尺時，車忽然拐了個彎！我一下呆了！一時間，彷彿天地間只有我，一個心裡塞滿了恐懼和驚慌的無助的我。我就這樣呆著，也不知車又開了多遠，停下了，我這才猛地醒過來，迫不及待地衝下了車。

這時，面對一個陌生的環境，我再次不知所措，腦海裡只有三個字：怎麼辦？我真想哭，可耳邊又響起了媽媽常說的那句話：孩子，我希望你做一個堅強的人，不要動不動就掉眼淚。說來也奇怪，這麼一想，我倒冷靜了下來，仔細回憶，剛剛那一段路沒有拐彎，那麼就是從那個十字路口直走到這兒的，對！我走回去！走啊走，終於，美語班的大門出現在我眼前；我一陣激動，頓時由快步改成了小跑，跑

向了在門口等得已焦急萬分的媽媽。

林藍老師的話

全文寫的是自己獨自搭公車上美語班的一次經歷，文中「心裡像藏了隻小兔子」、「我一下呆了」、「恐懼和驚慌」、「迫不及待」、「激動」等詞句，恰當地描寫出了作者搭車前後的心情，細緻準確地寫出了許多同齡小孩的相同感受。

我當了二十分鐘小小交通警察

竇 欣

我從小就崇拜交通警察叔叔，我的願望是長大當一名交通警察。正巧，學校要組織一個「小小交通警察培訓班」。我毫不猶豫地報了名。十幾天的訓練，天天搞得我腰酸背痛。為了把每招每式都做好，我在培訓班上刻苦練習，回家對著鏡子再練。我決心當一個合格的小小交通警察。

終於在一個星期天的下午，教官把我們帶到縣城山旺路和民主路交叉的十字路口，要我們輪流值勤。不知是高興還是緊張，我的心怦怦直跳。我努力使自己的心情平靜下來，暗暗給自己加油：一定要做好。走到指揮亭下，我和那位正在值勤的交通警察叔叔，行完了交接禮，便昂首挺胸地登上了指揮台。

這時候，我覺得路上的行人都驚奇地打量著我，過往車輛的司機也都好奇地從車窗裡探出頭來。他們好像在問，這個「小小交通警察」能指揮好車輛嗎？我想，

我會給你們一個圓滿的答覆。

大街上車輛行人川流不息。我轉過身來，向南北邊的車輛打了個停止手勢，又向後轉身，打了個停止手勢，緊接著給東西兩邊打了個直行手勢。這時，一輛「賓士」竟一動不動。我又給他打了一個直行輔助信號，讓他快點過去，別擋道。大「賓士」這才慢吞吞地開了過去。

我的心情逐漸平靜下來，指揮也開始覺得得心應手。突然，一輛摩托車闖了紅燈。「吱——」我一聲急促的哨聲，把摩托車叫住了。我走下指揮台，那個人同時也摘下安全帽。

啊！原來是爸爸公司裡的李叔叔。昨天李叔叔還幫我家抬瓦斯桶，這怎麼辦？可我馬上又想到，我是一名交通警察，要嚴格執法，於是，我走到李叔叔面前，說：「叔叔，您的車闖紅燈了，請您到那邊來一下。謝謝合作。」

「噢，原來是小欣呀，你們老師又不在，何必這麼認真呢？」李叔叔說完就要走。「不能走！」我堅定地說。李叔叔無可奈何，只好跟著我到指揮台。我對李叔叔說：「李叔叔，每個人都應該自動自發地遵守交通規則。如果大家都像您這樣，那交通怎麼會好呢？」聽了我的話，李叔叔臉紅了。

二十分鐘的值勤任務順利完成了，看著大街上川流不息的車輛和行人那麼秩序井然，我感到無比自豪。

馬小跳的話

你真棒！當了交通警察。雖然只有二十分鐘，如果讓我當五分鐘，我也會很高興的。你的心情寫得好，我讀了都能體會到；動作寫得也好，我都可以跟你學當交通警察了。

明日之星

初稿：

在回家的路上，我心想：「真倒楣，多管閒事把自己的新衣服都弄髒了，以後再也不這樣了。」

我以為媽媽一定會因為我把新襯衫弄髒了而打我的。回家後，我把這件事告訴了媽媽。媽媽聽我說完，不但沒打我，還表揚了我。

這是什麼原因呢？我不說你們也會知道吧！

林藍老師的話

材料的選材應圍繞中心，不能想到什麼就寫什麼。全文條理清楚，但有些地方層次不清楚，語句不太通順，在用詞的準確、生動性方面還應加強。

修改稿：

在放學回家的路上，我心裡直打鼓：「這血漬洗不洗得掉呀？……啊，我怎麼不小心點呢？……新襯衫呀，媽媽一定會打我的！」

回到家裡，我惴惴不安地把事情的經過告訴了媽媽。媽媽聽我說完，看著我那老鼠見了貓似的樣子，笑了，她拍了拍我的腦門：「傻孩子，沒關係，血漬用加酶的洗衣粉洗得掉的。就算是洗不掉，媽媽也絕對不會打你。」

嘿！我的媽媽不僅沒打我，還誇我做得好呢！這是什麼原因呢？我不說相信你們也知道吧！

通訊二十三

冰心

冰季小弟：

我所要寫的，是我們大家太缺少娛樂了。無精打采的娛樂，絕不能使人生潤澤，事業進步。娛樂至少與工作有同等的價值，或者說娛樂是工作之一部分！娛樂不是「消遣」。「消遣」兩字的背後，隱隱地站著「無聊」。百無聊賴的時候，才有消遣；侘傺疾病的時候，才有消遣！對於國事，對於人生，灰心喪志的時候，才有消遣！試看如今一般人所謂的娛樂，是如何的昏亂，如何的無精打采？我絕不以這等的娛樂為娛樂，真正的娛樂是應著真正的工作的要求而發生的，換言之，打起精神做真正工作的人，才熱烈的嚮往，或預備真正的娛樂！

當然的，中國人要有中國人的娛樂。我們有四千多年的故事、傳說和歷史。我們娛樂的時地和依據，至少比人家多出一倍。從新年說起吧：新年之後，有元宵。

這千千萬萬的繁燈，做樹下廊前的點綴，何等燦爛？舞龍燈更是小孩子最熱狂最活潑的遊戲。三月三日是古人修禊節，也便是我們絕好的野餐時期。流觴曲水，不但仿古人餘韻，而且有趣。清明掃墓，雖不焚化紙錢，也可訓練小孩子一種恭肅靜默的對先人的敬禮；假如清明植樹能名實相符，每人每年在祖墓旁邊，種一棵小樹，不到十年，我們中國也到處有了蔥蔚的山林。五月五是特別為小孩子設的節期，花花綠綠的香囊，五色絲，大家打扮小孩子。一年中只是這幾天，覺得街頭巷尾的小孩子，加倍喜歡！這天又是龍舟節，出去泛舟，或是兩個學校間的競渡，也是極好的日子。七月七，是女兒節，只這名字已有無限的溫柔！涼夜風靜，秋星燦然。庭中陳設著小几瓜果，遍延女伴，輕悄談笑，仰看雙星緩緩渡橋。小孩子滿握著煮熟蠶豆，大家互贈，小手相握，謂之「結緣」。這兩字又何其美妙？我每以為「緣」之意想，十分精微，「緣」之一字，十分難譯。有天意，有人情，有死生流轉，有地久天長。蘇子瞻贈他的弟弟子由詩，有——「與君世世為兄弟，更結來生未了因」。小弟弟，我今天以這兩語從萬里外遙贈你了！

八月十五中秋節，滿月的銀光之下，說著蟾蜍玉兔的故事，何其親切？九月九重陽節，古人登高的日子，我們正好有遠足旅行，遊覽名勝。國慶日不必說，尤須慶祝一下子，只因我覺得除卻政治機關及商店懸旗之外，家庭中紀念這節氣的，似乎沒有！

往下不必再細說了。翻開古書看一看，如《帝京景物志》之類，還可找出許多有意思可以紀念的娛樂的日子來。我覺得中國的節期，都比人家的清雅。每一節期都附以溫柔高潔的故事，驚才絕豔的詩歌，甚至於集會時的食品用器，如五月五的龍舟、粽子，七月七的蠶豆，八月十五的月餅，以及各節期的說不盡的等等一切……我們是一點不必創造。召集小孩子，故事現成，食品現成，玩具現成，要編製歌曲，供小孩的戲唱，也有數不盡的古詩，古文，古詞為藍本。古人供給我們這許多美好的材料，叫我們有最高尚的娛樂，如我們仍不知領略享受，真是太對不起古人了！

破除迷信，是件極好的事。最可惜的是迷信破除了以後，這些美好的節期，也隨著被大家冷淡了下去！我當然不是提倡迷信；偶像崇拜和小孩子扮演神仙故事，截然的是兩件事！

——節選自《冰心散文》

考題設計

我忘不了他

可以通過一件事或幾件事，反映「他」的品質或特點。題目中的「他」，可以是一位老師，也可以是自己的爺爺、奶奶，他們雖去世多年了，然而他們的音容笑貌、言談舉止還清晰地留在我的腦海中，我忘不了他對我的關心，更忘不了他對我的教導……不管寫誰，「他」一定已經離開了「我」，或者現在不在「我」的身邊，否則不能說「忘不了」。

同學你聽我說

這是一篇寫給同學的作文，從發自真誠的、良好願望的角度，向同學就某一件事情說說自己的想法。想法總是產生於一件具體的事，也就是說，從具體的一件事

說起，向同學談自己的觀點。本文的特點是有一定議論的記敘文。寫作時首先確定「說」些什麼，從哪一件事「說」起。對話中，對某些不好現象，不要簡單地加以否定，而要說出令人信服的道理。

20年後的我

穿過時空隧道，來到二十年後，你們都已經是大人了，有了自己的工作，有了自己的家。你的辦公室、客廳、臥室、書房、畫室、車庫，都按照你的心願佈置著。哇，直爽呀！來，寫出二十年後你的真實感受。

汗水和淚水

汗水是辛勤的標誌，淚水是傷心的標誌；汗水也是積極的標誌，淚水有時候也是歡樂的。汗水和淚水究竟是開心還是傷心，要親自體驗。寫自己的體會感受，寫出真情實感，寫只屬於自己的汗水和淚水的故事。

清明時節雨紛紛

清明是一個懷念逝去的人的日子，它充滿了傷感，伴著細雨，這個清明你做什麼？有什麼感悟？看到了什麼？你想到了什麼？明白了什麼？寫寫清明的故事，寫寫自己的心靈感悟。

星座泡泡船

雙子座（5月21日～6月21日）：雙子座的人口才不一定個個都很突出，但他們卻個個擁有練得一手好字的天分，這種天分是他們與生就有的，只不過這種潛能不太容易被人發現，也不太被人注意而已，平日只要你刻意地提醒一下自己，你便能夠很快地練得一手好字，而且絕對會比一般的人付出得少，收穫得多。

第十二單元

我也來當發明家

點亮星空

愛迪生發明了燈泡，把夜晚的房間照得通明；貝爾發明了電話機，讓異地的朋友相互交流。你又想發明什麼呢？

思路流星雨

我想發明一種新型的鞋子，讓人穿上就會跳優美的舞蹈。

我想發明一種晶片，只要擁有這種晶片，你就能隨時隨地、準確無誤地提取你要的知識。

我想發明一個摺疊房屋，屋子裡有全世界名種各樣的玩具，任小朋友們玩。

你們的想像真豐富，誰再來說一說？

神奇椅

預穎瑩。

我想發明一種神奇椅。神奇椅也是一種交通工具，不過這種椅子放在太陽底下曬上一個小時，椅子就可以運行一個星期。

坐上神奇椅，只用短短的十分鐘就可以從地球的南極到北極。

神奇椅的扶手上有一個寬七公分，長十公分的小螢幕。在螢幕的正下方有四個顏色不同、用處不同的按鈕。這四個按鈕分別有中、英、俄、法四國文字標誌的「開」、「關」、「停」、「回到原地」。如果你按一下「開」鍵，那麼小螢幕上就會

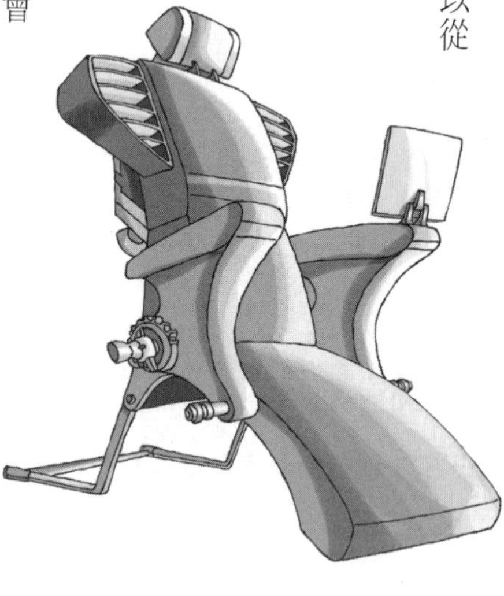

顯示一張世界地圖，一開始只有七大洲和四大洋的名稱和地址。如果你想去亞洲的話，只須用手指尖輕輕地觸一下「亞洲」這兩個字，螢幕上就會出現亞洲地圖，因為亞洲國家比較多，所以螢幕上不能同時顯示出所有亞洲國家的名字，因此你只要把手指尖沿著小螢幕的邊從上往下移，這樣就可以把亞洲所有國家都調出來了。按照同樣的方法，你還可以調出一個國家的任何一個城市，然後就可以到所有想去的地方了。

當你的手指觸摸「開」鍵時，神奇椅就會自動響起一首美妙的樂曲，並升入空中，當椅子再次響起同一首樂曲時，你就會到達目的地了。神奇椅在運行狀態中，還有兩種特殊的功能：一是它可以使你進入一個夢幻的世界。在那個世界裡，你想要什麼就有什麼，你想誰誰就會出現在你眼前，你可以做任何想做的事，夠刺激吧！二是它具有保健功能。它會產生一種特殊氣流，對你的全身穴道進行衝擊，起到按摩作用。當你走下神奇椅，會精神抖擻，一點兒也沒有旅途疲勞的感覺。坐在椅子上，你不必擔心會掉下去，因為椅子是全封閉的，且有安全帶。就算椅子壞了，椅子上方也有降落傘，會自動打開，平安地將你送回地面。

到了目的地，螢幕上又一次自動顯示這個地區的相關資料。如什麼地方是風景區，附近有什麼好的賓館等，你可以隨意選擇，哦，差點忘了告訴你，神奇椅是可以收縮的，你只須要按一下椅背上的綠鍵，神奇椅就可以縮小成手掌大小的手機狀，然後裝入口袋，就可以開心地遊玩了。遊玩過後，只須按一下「手機」頂上的紅鍵，將神奇椅恢復成原狀，然後輕輕按一下「回到原地」鍵就可以了。

我的設想不錯吧？我能把它造出來，你相信嗎？

林藍老師的話

好有自信的未來小發明家！作者詳細介紹了一種「十分鐘就可以從南極到北極」的神奇的椅子，展示了這把想像中的椅子的構造、功能，讀來引人入勝。

智慧課桌

王旭龍

每天揹著沉重書包的我們，多麼渴望能輕輕鬆鬆地上學，高高興興地回家啊！為了讓我的小夥伴們早點有出頭之日，我設計了一種智慧課桌，它能讓全世界的小學生都愛上學。

下面，我這個設計師兼講解員就給大家介紹一下我的專利產品的幾個功能：

第一個功能：能儲存一至六年級所有科目的書、資料和練習。智慧課桌的內部安裝了一台微型電腦，桌面是二十五英寸彩色純平顯示器。桌面上還安裝了一個光碟插入口，當同學們想用電腦貯存東西時，就可以插入光碟，拷貝資訊。只要你坐在智慧課桌前，用你心靈的窗戶——眼睛盯著顯示器，電腦就會檢查你的瞳孔，並和記憶體的瞳孔資料對比。如果一樣，電腦就會自動啟動，否則是不會啟動的。所以，你要是想冒名頂替可是絕對不行的喲！電腦啟動後，按照電腦的嚮導，用你的

思維控制電腦進入你所需要的課本、資料和練習中，這樣就可以上課了。

下課後，老師就用辦公室的個人電腦，通過電話線，在同學們的電腦裡佈置作業。只要同學們打開「練習」，就可以用桌面上神奇的電子筆，在螢幕上完成，並把自己的「傑作」傳送回老師的個人電腦上，請老師批改。有了智慧課桌，我們就可以結束揹著書包上學的歷史了。

第二個功能：能在閒暇的時間裡用來玩遊戲。如果你圓滿地完成了當堂的學習任務，老師就用個人電腦給你的電腦下一道指令，你便可以盡情地玩儲存在電腦裡的上百種經典小遊戲了。

而這些遊戲都是由你的思維控制的。不過，你也不用擔心自己會玩上癮，上課鈴一響，遊戲就會自動保存、關閉，變成上課的狀態。如果你上課還想玩，那是不可能的事情。

第三個功能：可以用它上網際網路。在電腦裡安裝了內置ＭＯＤＥＭ、密碼和帳號。只要用你的思維控制電腦進入網際網路，告訴電腦你需要上哪個網站，電腦就會以最快的速度上網。這樣你就可以足不出戶，卻能了解國內外重大新聞，光臨全世界所有的知名圖書館，自由自在地遨遊於知識的海洋中了。你還能在網上聊天室裡，與世界各地的網友聊天、交流，並且能在網際網路上下載流行音樂和好看的動畫片……總而言之，有了智慧課桌，我們想獲取的資訊就可以手到擒來了。

這種智慧課桌還有許多其他的特點和性能，我就不一一講述了。說到這裡，恐怕你已經對它著迷了吧？智慧課桌使我們的學習生活變得多麼美好、多麼充實啊！我相信小夥伴們一定都在渴望著它能早日「誕生」。讓我們共同努力，早日將它實現吧！

路曼曼的話

本文介紹了智慧課桌——尤其是微型電腦的功能。你的發明真好！寫得也準確、嚴密，三大功能十分吸引人，我願和你一起努力，讓每個學生都能早日用上智慧課桌。

明日之星

初稿：

液體鉛筆，未來學生的書寫工具中，使用最多的將是原子筆，這種原子筆同現在的不同，用它書寫出來的字在二三小時內能用橡皮很省力的擦掉。這種原子筆也叫做「液體鉛筆」，它的結構與普通原子筆相同，只是用的油墨不太一樣。

收音機原子筆。這種筆的筆桿上部裝有一個微型收音機。可以邊寫邊收聽外語廣播，幫助學生學習外語，也可以讓抄寫工作者收聽樂曲。

林藍老師的話

作者想像豐富，奇特、敘述有條理，但有些地方在字、詞的運用上欠妥。

修改稿：

液體原子筆，未來學生的書寫工具中，使用最多的將是液體原子筆，這種原子筆同現在的不同，用它書寫出來的字在二三小時內能用橡皮很省力地擦掉，但過了這段時間就成為永久性的筆跡。這種原子筆也叫做「液體鉛筆」，它的結構與普通原子筆相同，只是用的油墨不太一樣。

收音機原子筆。這種筆的筆桿上部裝有一個微型收音機，並配置一副耳機按鈕和電池。插上耳機收音機電源接通，可以邊寫邊收聽外語廣播，幫助學生學習外語，也可以讓抄寫工作者收聽輕快的樂曲，提振精神。

愛因斯坦

高厚滿

時間過得真快，不知不覺中，愛因斯坦已經五歲了。一次，愛因斯坦病了，感冒發燒，醫生囑咐他要多休息。一連三天，愛因斯坦把所有的書籍和玩具，都重新擺弄了好幾遍，直到膩煩為止。手裡沒有可供玩弄的東西，他在床上翻來覆去，似乎躺不住了。

父親看出了兒子的心思，不知從什麼地方弄來了一個指南針，送給兒子。起初，愛因斯坦並沒有在意。他漫不經心地拿起指南針，只見中間那根紅色的針在輕輕抖動，但總是指著一個方向。愛因斯坦無意之中，把指南針調了一個方向，可是那根紅色的指標仍然指著北方！

他坐了起來，把指南針猛烈地調過來調過去。可是不管怎麼轉動，那根紅色的指標，仍堅定不移地指向北方。

我也來當發明家

愛因斯坦大吃一驚，什麼東西使它總是指向北方呢？他把指南針翻過來、調過去地細細查看，沒有特殊的東西，這真是太神奇了！

如果說後來的愛因斯坦對科學有著執著的追求和不懈的努力的話，指南針無疑是喚醒他對科學的好奇心、探索事物原委的興趣的開始。這種平凡而又神聖的好奇心，正是一位科學家成長所必需的原動力。愛因斯坦的叔叔雅各·愛因斯坦在德國一直和愛因斯坦一家住在一起，他成為愛因斯坦童年最主要的啟蒙老師之一。

叔叔對這個不愛說話但很聰穎的侄兒疼愛有加。每當閒暇之時，叔叔都要給愛因斯坦講數學原理，然後，再出一些趣味性的數學題目，讓小愛因斯坦計算。

有時，雅各叔叔故意出一些遠遠超過一個五歲孩子能正常理解的難題，然後，瞇著眼睛故意逗小愛因斯坦：「怎麼樣？想試一試嗎？」每次，愛因斯坦都瞪著棕色的大眼睛，用充滿稚氣的聲音回答：「當然！」

此後，就是愛因斯坦的苦思冥想，絞盡腦汁地計算。有時候，甚至已經上床睡覺了，忽然想起了什麼，也要起來在燈下計算一番。別人看他這樣，很是憐惜。可愛因斯坦從來都不把這看做是「受罪」，恰恰相反，他在演算過程中，感受到了樂

趣。更重要的是，他在計算過程中領略到了科學的奧祕和創造的快樂。

幾十年過去了，阿爾伯特·愛因斯坦憑著對科學的執著，成就了一番事業，成為著名的物理學家。

——節選自《100位名人故事》

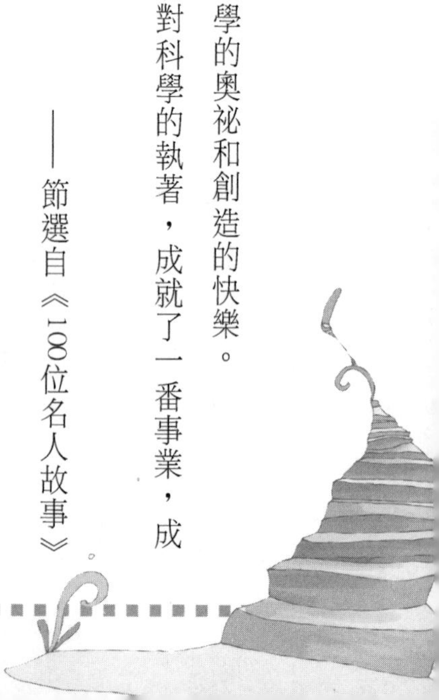

星光寶盒

聆聽　打量　矚目　罕見　抽咽

耳聞　凝視　翻閱　目睹　啜泣

奇特　方便　常識　反射　造型

訣竅　輕巧　竅門　常理　使用

匠心獨運：獨創性地運用巧妙的心思，形容精妙獨到的藝術構思。

前無古人：從來沒有人這樣做過的，空前未有的。

巧奪天工：精巧的人工勝過天然，形容技藝極其精巧。

巨蟹座（6月22日~7月22日）：巨蟹座的你潛藏著驚人的記憶力，能記住很久很久以前的事，這種才能可不是每個人都有的，如果你能從多方面磨鍊一下你的這種潛能，對於你日後的發展一定會有相當大的幫助，嘗試一下在讀書時大聲地念出來，並將重要的事情理解地記憶，這對增強你的記憶力都會有很大的幫助。

第十三單元

我有我的自由

點亮星空

生活中我們快樂，學習中我們努力。我們的想像在馳騁；我們的思路在延伸。就在現在，自由地說說吧！

思路流星雨

我想說我爛漫的夢想，我想做一個有夢的女孩。
我說我最值得驕傲的事，讓大家都知道我有多麼優秀。
我說我做的一個夢，那天晚上……
你不想說點什麼嗎？

那件事刺痛了我

徐　珂

有一件事深深地刺痛了我的心，並且給我的生活帶來了許多煩惱。

那天，爸爸對我說明天一起去看媽媽，我高興得差點兒跳起來。自從媽媽說去看外婆，一年多沒回來了，我日思夜想，總想與媽媽團聚，今天總算又能見到媽媽了。

晚上，我躺在床上，翻來覆去怎麼也睡不著。好不容易盼到天亮了，我便早早地起來催爸爸快點動身。天正下著雨，但是就是下冰雹也攔不住我急

於見到媽媽的心情，我和爸爸加快了腳步，到了，到了，我興奮得快要失去理智了。我丟下爸爸，不顧一切地向樓上跑去，一下子撲到媽媽的懷裡。我本以為這是我最快樂的時刻，但我萬萬沒想到，媽媽說出了「離婚」這個詞。我的心裡像打翻了五味瓶，說不出是什麼滋味，只覺得淚水不住地向下流。

從那以後，爸爸開始酗酒了，每天下班都要喝酒，一喝就不吃飯，這樣下去，身體再好也沒用。我知道爸爸心裡不痛快，但是，「借酒消愁愁更愁！」我不止一次勸他不要喝，但卻絲毫不起作用。

我為這件事而煩惱不已，整天垂頭喪氣、無精打采。媽媽呀，為什麼要離婚呢？為什麼把我的一切快樂和幸福，全變成了苦惱，讓我每日每夜都浸泡在苦惱的海洋裡呢？

林藍老師的話

講清楚起因、經過和結果，才能準確地表述一件事情。作者在講述這件煩惱事時，先說起因，再說結果，最後說自己的感受，真實地說出了自己的心裡話。

「牙疼」不可說

施雯婷

下課時，我和幾個女同學玩起了「抓人」遊戲。可是，正當我們玩得高興時，我的朋友把頭一抬，我正巧把頭低下去，兩個頭碰在了一起。不好了，這一碰，我的牙根出血了。我忍著痛，同學們陪著我到醫務室去。幸虧出血並不多，不一會兒疼痛就輕了一些了。

傍晚回到家裡，我不敢把這件事告訴媽媽。因為媽媽很疼我，知道後一定會到學校裡去說，這樣會傷了我和那個同學的感情。吃晚飯時，我一手捂著牙齒，一手握著筷子吃飯。媽媽急忙問我：「婷婷，你怎麼啦？」我一時不知怎麼辦才好，慌慌張張地說：「我……我牙齒痛！」「可是你牙齒從來沒痛過呀？來，讓媽媽看看。」媽媽一邊追問我，一邊要來看我的牙齒。我急忙說：「沒關係的，媽媽……等一會兒就會好的。」媽媽見我這樣說，就不再問了，但還是再三叮囑我：「如果

疼了就告訴我，來，慢慢吃。」我望著媽媽慈祥親切的面孔，真不想隱瞞媽媽。可我還是害怕傷了同伴間的感情，於是，我欺騙了最愛我的媽媽。

晚上，我躺在床上。月光照進屋裡，我還是想著白天的那件事。這時，媽媽輕輕走進來，問我牙齒還疼不疼。我又一次騙媽媽說：「媽媽，不疼了，好多啦！您早點休息吧！」媽媽還以為我講的是實話，臉上露出了笑容。夜深了，我卻還在想著，要是有一位仙女來告訴我該怎麼做，那該有多好啊……

這樣一連過了好幾天，我總是心神不定。飯吃不下，覺睡不著，但我卻一直保守著祕密。我的牙齒都快好了，可是……媽媽還根本不知道！

後來，過了好長一段時間，當我向媽媽說起這件事時，媽媽撫摸著我的頭，高興地說：「好孩子，你將來一定會有很多朋友和你做伴的！」

馬小跳的話

你真是「用心良苦」，「一言難盡」是個善良的女孩，你一定會有很多朋友的。看了你的作文，我也想和你做朋友，相信別人看了你的文章也會這麼想的。

初稿：

小時候，我常常坐在自家的門檻上，望著樹上的小鳥。要是自己會說鳥語，我一定去和小鳥們商量，請牠們借給我一雙翅膀。

我多想有一雙翅膀，任我自由飛翔。有我要把這些無限的風光盡收眼底，我要為牠們唱支歌兒。

林藍老師的話

文段立意很好，但敘述不具體，沒有感染力。「自由飛翔」中看到的「無限風光」應該做詳細的描寫，這樣才會更有說服力，才更優美。

修改稿：

小時候，我常常坐在自家的門檻上，出神地望著樹上的小鳥。小鳥們展開翅膀，在樹間自由地飛來飛去，如同精靈般撩動著我的思緒。要是自己會說鳥語，我一定去和小鳥們商量，請牠們借給我一雙翅膀。我多想要有一雙翅膀，任我自由飛翔。有了翅膀，我要飛遍全世界，觀賞各地的大好山河，領略各民族的風俗人情。我要去目睹詹天佑設計的「人」字形鐵路，去觀賞風光迷人的桂林山水、白雪皚皚的喜瑪拉雅山、碧波蕩漾的日月潭、美麗神奇的九寨溝、鬼斧神工的大峽谷……我要把這些無限的風光盡收眼底，我要為牠們唱支動聽的歌兒。

分憂

亞米契斯

我的母親是個善良的人，我的姊姊雪爾維婭也像母親一樣有一顆偉大、善良的心。昨天晚上，我正在抄寫每月故事《尋母記》的一部分——因為文章很長，老師就讓我們所有的人一人抄寫一部分。

雪爾維婭姊姊悄悄走進來，很著急但又是悄聲地對我說：「跟我一起去媽媽那兒，今天早晨我聽見他們議論，爸爸的一筆生意沒有做好，他很傷心，媽媽安慰他。我們家裡有困難，你明白嗎？沒有錢了。爸爸說要重整旗鼓就要做出犧牲。現在我們也要做出犧牲，對不對？你準備好了嗎？好的，我對媽媽說，我說什麼你都要同意的，而且我說什麼，你都要向媽媽發誓一定會做到。」說完，她拉起我的手一同去母親那裡。

母親這時正在做針線活，好像滿腹心事。我坐在沙發一邊，雪爾維婭坐在另一

邊，她馬上說道：「媽媽，我有話要說，我們兩個都有話要說。」母親驚奇地看著我們。於是，雪爾維婭開始說：「爸爸沒有錢了，對嗎？」母親臉一紅，回答說：「你在說什麼？這不是真的！你怎麼知道？誰對你說的？」雪爾維婭肯定地說：「我知道。好啦，聽我說，媽媽，我們也應該做出犧牲，你答應五月底給我買一把扇子、給恩里科買一盒顏料，我們都不要了，我們不想浪費錢。我們一樣會很高興的，好嗎？」母親想說什麼，但不等母親開口，雪爾維婭接著說：「不，就這樣，我們決定了。在爸爸有錢之前，我們不再吃水果和其他好東西，有湯就足夠了，早飯就吃麵包。這樣，吃的方面可以少花錢，因為我們在吃的方面花了太多的錢。我們向你保證，你會看到我們像以往一樣開心，對不對，恩里科？」我回答說：「對。」雪爾維婭用手捂住母親的嘴又重複說：「我們會像以往一樣開心。我幫你幹家務，所有的家務活都自己幹，我每天跟你一起幹活，讓我幹什麼都行，我所有的事情都可以做，所有的事情！」雪爾維婭說著撲上去，雙手摟住母親的脖子：「只要爸爸和媽媽不再失望，只要能看見你們兩人在你們的雪爾維婭和恩里科面前，像以前一樣安心，心情舒暢就行。我們非常愛你們，願為你們犧牲一切。」

聽完這些話，母親特別高興，啊！那樣子是我從來沒有見過的，而且她也從來沒有以那種方式吻過我們。她笑著，眼睛裡飽含著淚水，說不出話來。然後，母親向雪爾維婭保證說她聽錯了，值得慶幸的是家裡不像她以為的困難到那個地步。母親又一次地對我們說「謝謝」，整個晚上都顯得很高興。父親回來，母親對他講述了一切，父親沒有開口。我可憐的父親！但是今天上午坐在飯桌邊……我感到既快樂又傷心，因為我在餐巾下面看到了顏料盒，雪爾維婭在餐巾下發現了扇子。

——節選自《愛的教育》

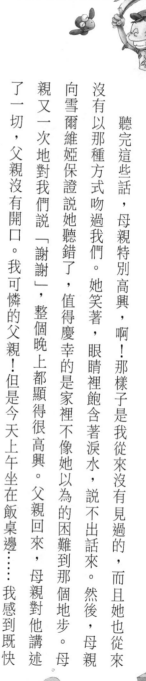

星光寶盒

逞強　聰穎　尷尬　慌亂　趣事
難堪　馬虎　神氣　調皮　傻事
肺腑之言：指發自內心的真誠的話。
暢所欲言：盡情而痛快地把心裡想說的話都說出來，比喻氣氛民主、活躍。

獅子座（7月23日～8月22日）：獅子座的人擁有相當的藝術氣息，這種天分與後天的培養有一定的關係，但先天的因素占主要部分，如果你想令你的潛能發揮出來，可試著提筆寫詩或作畫，你會發現這些事對於你其實是很輕鬆的，你也許會覺得不可思議，但這正是你的潛力，在作曲及寫小說方面你也可以嘗試一下，相信同樣會得到意想不到的成果。

第十四單元

寫給您的一封信

點亮星空

長輩可以是你的親人，也可以是其他比你年長的人。你想告訴他們什麼呢？寫信告訴他們吧！

思路流星雨

我想寫給老師，感謝他對我的教育。

我要寫給市長，毛遂自薦，寫我的學習情況、生活經歷、我的理想，讓他認識我這樣一個優秀的學生。

我會寫給鄉下的奶奶，問她家裡小動物們的情況，我太想牠們了。

你又想給誰寫信呢？

給失業的媽媽的一封信

姜曉青

親愛的媽媽：

您辛苦了！我無顏面對您，便寫下了這封信。白天的事，確實是我不對，請您原諒女兒的幼稚！

自從你們工廠停產後，我簡直不能相信：資遣人員名單中竟有您！儘管嘴上沒說，可我無法擺脱這個嚴酷的現實。彷彿天在悲、地在泣，我的心在流淚。從那時起，我變得沉默寡語，食不甘味。在學校裡，我躲著夥伴們，總怕聽見別人誇耀自己的母親。

寫給您的一封信

中午放學剛出校門，他們突然向我發問：「青青，作文課上，你怎麼不介紹你的母親？」「你媽媽到底是做什麼工作的？」我的臉「騰」地一熱：「我媽媽是醫生！」我揀了個最神聖的職業騙他們。可我的話才剛出口，您就穿著白罩衣，出現在我的視線裡。您怎麼不換雙皮鞋，還穿著那雙舊膠靴就來了呢？

「訂購愛心媽媽便當的小朋友，請過來排隊。」您的喊聲太響，連我的同學都感到驚奇！他們都望著您，我可嚇得轉過身去。因為我怕您再喊：「青青，還有你！」那時，我真想找個地縫鑽進去。

「青青，那個賣愛心媽媽便當的阿姨怎麼一直看著你？」夥伴們的質疑，迫使我把深埋的頭抬起。您看到了我困窘的樣子；我瞅見了您淒然的眼神。您似乎在期待，又好像是在懷疑……

頃刻間，我感到深深的懊悔：小時候，您穿著這雙膠鞋，踩著水窪，雨天揹我上學去；披著這件白罩衣，頂著寒風，雪天給我送棉衣，然而如今……

「青青，這是媽媽給你買的漢堡包，回家趁熱吃。寫完作業就別等媽媽了，自己先睡個午覺！」您來到我跟前，沒有絲毫責備，反而坦然地說：「媽媽靠自己的

力量，販賣便當，既可減輕學校的負擔，又可消除家長的憂慮，光明磊落，沒什麼好丟人的！」媽媽笑咪咪地望一眼周圍的人，轉身離去。夥伴們也都很懂事，衝著我道了聲：「拜拜！」就各奔東西。我駐足盯著您漸漸遠去的身影，心中像打翻了五味瓶似的，那滋味沒人能體會。滴滴淚珠濺在漢堡包上，可它仍然熱乎乎的。

親愛的媽媽，請原諒女兒的無知！白天的事都怪我虛榮、自卑。您用自己的勞力，重新創造社會財富，真不愧為是剛強而偉大的母親！

媽媽，當您披星戴月歸來時，女兒已經入睡。可讀完這封信，您會明白，女兒永遠是愛您的！祝您工作順利！

您的女兒：青青

二〇〇五年三月十八日

林藍老師的話

短文以書信的形式，詩韻般的語言，自始至終的懸念，娓娓訴說的心聲，給人留下深刻的印象。小朋友們，如果能認真讀一讀此文，定會受益匪淺！

給教育部長的一封信

苗文傑

尊敬的部長：

您好！

我是一名小學五年級的學生，性格開朗，平時愛問許多問題。您是一位女部長，我也是一個女學生，我希望長大後做一個像您那樣的人。

雖然我們沒有真正見過面，但是在電視上我經常看到您。一看到您那慈祥的面龐，我就感到特別親切。

二十一世紀是富於競爭和挑戰的時代，也是資訊技術發展迅猛的時代。作為一名小學生，我渴望掌握現代化的新技術，但我們學校雖然設有電腦教室，但我們卻很少能有機會光顧。

最近，臺灣的王博士到鄒平一遊，給我們小學生又帶來了「煩惱」，老師聽了

他的話，讓我們背誦古經文。

我認為現在是二十一世紀了，不應讓我們去死背那些陳穀子爛芝麻。老師還對我們說背誦古經文能開發我們的智力。中華民族有著光輝的傳統文化，有著四大發明，我們對此感到自豪驕傲，也在努力繼承優秀的傳統文化，但是我們不應該被強迫學習背誦某些旁門偏科。縱觀全球，一個民族要想發展，就必須學習先進的外來文化，對古代的文化要取其精華，去其糟粕。為了中華民族的復興，請您讓老師別給我們再套上背誦古經文這樣一條枷鎖，讓我們多學習一些諸如電腦網路課程、英語會話等實用的現代化知識吧！

我渴望獲取新的知識，填補我空白的大腦。請您讓老師給我們創造一個民主、和諧、快樂的學習氛圍吧！

您看，我這個愛說話的女孩，是不是說太多了。請別見笑。

祝陳部長工作順利，心想事成！

一個小學生：苗文傑　敬上

二〇〇五年二月十日

丁文濤的話

這封信感情真切，直抒胸臆，坦誠陳言，吐露心聲，反映了學校電腦教室難進，卻讓學生大背古經文的事，並希望部長加以干涉，這種勇氣，實在可欽可敬。

明日之星

初稿：

我再也忍不住了，便爭道：「俗話說『休息是為了走更長的路』。爸，我知道，您這是為我好，但您也不能這樣對待我呀！」媽媽在房間裡聽到了，氣沖沖地從房間裡走了出來：「小孩子懂什麼，學生的工作就是學習。今天不許看電視！」我沮喪極了。我蹣跚地走到書桌前，寫啊，算啊。爸爸，這件事也許您已經忘記了，但它時常浮現在我的腦海，每當想起它，我心裡真是難受極了！

爸爸，難道您沒有過童年嗎？難道您就不能體察一下我的心嗎？

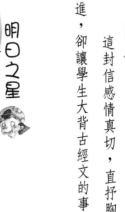

林藍老師的話

這是一封寫給爸爸的信中的正文，事情很明白，但自己的情感卻表現得稍有欠缺，要多方面、多角度的表達自我情感，這也是大多數學生作文時遇到的問題。

修改稿：

我再也忍不住了，便爭辯道：「俗話說『休息是為了走更長的路』。爸，我知道，您這是為我好，但您也不能這樣對待我呀。」大概是媽媽在房間裡聽到了吧，便帶著烏雲般的臉色，氣沖沖地從房間裡走了出來：「什麼？什麼！小孩子懂什麼，學生的工作就是學習。今天不許看電視！」在你們兩面夾攻下，我沮喪極了。我蹣跚地走到書桌前，寫啊，算啊。不知不覺，我便睡著了，我夢見我跳出了「關鍵時刻」的囚籠，坐在沙發上舒服地看著電視，在碧綠的草坪上盡情地踢球……爸爸，這件事也許您已經忘記了，但它時常浮現在我的腦海，每當想起它，我心裡真是難受極了！

爸爸，難道您沒有過童年嗎？難道爺爺也是這樣對待您的嗎？難道您就不能體察一下我的心嗎？

給師傅的信

沈從文

你一出了大門，同住的幾個混賬東西，便念佛似的，把你名字從這個口上跑到那個口上去。為這事，我不知嘔過許多氣，悄悄地啜泣著自譴許多次！

再有次，他們又到電話室咀嚼你的名字，我氣不過了，冷冷地說了句「但也可憐」！他們便像從這話中已看出了我同你關係一樣，各人拿眼睛狠狠的看了我一眼。他們雖不說話，但我能夠從他們眼中看出酸到像鏹水一樣的程度。假使他們口裡各含上一片鋅，我知道必定會有許多氫氣從他們口鼻跑出。他們的眼睛的光比冰還冷，我雖然也打了一兩個寒噤，但是，一想到你的侮辱，我的血立時就沸騰了。

當我氣憤憤的從冷笑中說出——「你們這些無聊東西，把一個柔弱可憐的女人，在不合理的制度下因反抗而得來的侮辱，得意揚揚的拿來當作笑話，自己臉皮就那麼厚，不會害羞嗎？」他們中有三個連脖頸也成了紅色。那吊角眼的角色，似乎是有點不好意思了，趕忙即藉故走回自己的房裡去。

如果他們說一句——只要多說一句難入耳的話，我那時立即會扯攏他的嘴巴至於合不攏來，剝削他一世說話的權利……

……我若是再稍稍的緩個把月到這邊來，你們兩人不還是安安靜靜過著有說有笑的春天般溫暖生活嗎？我就是到了這來，若不至……又哪會使你受到這般無理侮辱呢？呵呵！犧牲了別人的幸福，來求自己靈魂的寄頓——結果又是這般出人意外的糟；要你為我的緣故領受一切難堪的屈辱與驚恐：我真是一個如何卑鄙自私的小人啊！……摧毀了你幸福的首惡，無論如何，我不能不承認罪出自我！你即詛咒我一輩子，我也不能為自己「事前自私事後懦怯」的劣陋行為加一句辯辭！即使你能饒恕這樣一個齷齪負罪的可憐人，在末日的審判前，我也不敢求神的饒恕！

我村生表弟為安慰我的緣故，信上說是——「你們如此的結束這一段不可分解

的因緣，是非常奇怪而恰好的」。但我總覺得太對不起你了。我一切還是同前，只因眼睛哭泣流淚太多的緣故，愈是不濟。你不能給我一個方法，使我有機會來在你面前贖這過去的罪責不？你大概也願意你的徒弟再學幾件不曾學過的事情吧！

——節選自《沈從文散文》

考題設計

週末假日交響曲

週末假日，是天經地義的休息時間，我們為什麼不放鬆身心，盡情地樂他一樂？於是週末假日交響曲奏起來：早晨——中午——晚間，反正離課本老遠，反正要輕鬆輕鬆。哪知，週末假日中有樂、有悲、有喜、有痛，構成生活的「交響曲」。

××歷險記

這篇題目可以補充為《細菌王國歷險記》、《××歷險記》、《豆豆歷險記》等等，在文章中要根據事物本身的特點展開想像，盡可能合乎科學規律，不能偏離起碼的科學常識。但也不要受生活約束，可以上天入地，千變萬化，這樣對讀者更有吸引力。

第一次玩……

孩子們最愛玩，最會玩，是在玩中長大的。他們尤其喜歡玩一些刺激的、冒險的、有挑戰性的遊戲，那麼對第一次玩的過程就會記憶猶新。先簡單說說玩前的心理活動及心情，然後把玩的過程寫得生動、具體一些，真實地反映玩時驚心動魄的真切感受，突出第一次的新鮮好奇、冒險刺激。最後寫玩後的收穫體會，以及從玩中受到的啟迪。

國家圖書館出版品預行編目資料

小作家，天天寫／林藍老師著； -- 初版 .
-- 新北市：新潮社， 2014.11
面； 公分 . --

ISBN 978-986-316-582-8（平裝）

1. 漢語教學 2. 作文 3. 寫作法 4. 小學教學

523.313 103018669

小作家，天天寫

主 編 林藍老師

〈企劃〉
益智書坊

〔出版者〕新潮社文化事業有限公司
〔總管理處〕新北市深坑區北深路三段141巷24號4F（東南大學正對面）
電話 (02) 2664-2511＊傳真 (02) 2662-4655／2664-8448
〔E-mail〕editor@xcsbook.com.tw
印前作業：普林特斯資訊股份有限公司

〈代理商〉
Creative Agency
創智文化有限公司

新北市23674土城區忠承路89號6樓（永寧科技園區）
電話 (02) 2268-3489＊傳真 (02) 2269-6560

2014年11月 初版

Printed in TAIWAN